# 鲜为人知的 名人故事

本书编写组◎编

XIANWEI RENZHI DE MINGREN GUSHI

重新寻回难得的感动，
重新唤起对真善美的追求！

广州·北京·上海·西安
世界图书出版公司

图书在版编目（CIP）数据

鲜为人知的名人故事／《鲜为人知的名人故事》编
写组编 . —广州：广东世界图书出版公司，2010. 10 （2024.2 重印）
ISBN 978 - 7 - 5100 - 2837 - 3

Ⅰ. ①鲜… Ⅱ. ①鲜… Ⅲ. ①名人 – 生平事迹 – 世界
– 青少年读物 Ⅳ. ①K811 – 49

中国版本图书馆 CIP 数据核字（2010）第 196606 号

| | | |
|---|---|---|
| 书　　名 | 鲜为人知的名人故事 | |
| | XIAN WEI REN ZHI DE MING REN GU SHI | |
| 编　　者 | 《鲜为人知的名人故事》编写组 | |
| 责任编辑 | 康琬娟 | |
| 装帧设计 | 三棵树设计工作组 | |
| 出版发行 | 世界图书出版有限公司　世界图书出版广东有限公司 | |
| 地　　址 | 广州市海珠区新港西路大江冲 25 号 | |
| 邮　　编 | 510300 | |
| 电　　话 | 020-84452179 | |
| 网　　址 | http://www.gdst.com.cn | |
| 邮　　箱 | wpc_gdst@163.com | |
| 经　　销 | 新华书店 | |
| 印　　刷 | 唐山富达印务有限公司 | |
| 开　　本 | 787mm×1092mm　1/16 | |
| 印　　张 | 13 | |
| 字　　数 | 160 千字 | |
| 版　　次 | 2010 年 10 月第 1 版　2024 年 2 月第 9 次印刷 | |
| 国际书号 | ISBN　978-7-5100-2837-3 | |
| 定　　价 | 59.80 元 | |

# 前　言

　　古语有云："读万卷书，行万里路。"阅历丰富，自然博闻强识、明达事理；读书就是在读人生。

　　培根说过，读书使人明智。阅读他人的成长和奋斗故事也同样使人明智。古今的名人，或是引领社会潮流的思想巨擘，或是运筹帷幄的政治领袖，或是影响后世的科学巨人，或是评点世间万象的文坛泰斗，或是撩亮人心的艺术巨匠……读名人的故事就是探求人生，可以探求很多名人、伟人是如何成长、如何学习、如何生活，以什么样的感情和态度来直面人生的风雨。大凡名人，其英雄所在，无不壮志雄心，心胸坦荡，他们崇高的理想及不平凡的一生时时鞭策着后人不断前进。

　　众所周知，名人之所以成为名人，被历史所铭记，为众人所乐道，自然有着他们与众不同的天资、际遇或鲜为人知的传奇故事。解析他们，从某种意义上来说也是在了解一个国家，阅读一个民族，认识一种文化。翻阅中华5000多年的文明史，那些曾经叱咤风云、挥斥方遒的历史人物虽已远去，但是他们光环背后的成败得失、功过毁誉却无法被时光所磨灭，对今人仍然有着深刻的昭示意义。俗话说，自古英雄出少年。青少年阶段是人生中的一个关键时期，阅读名人故事，对他们的人格塑造和智力发育都有着不可忽略的作用。

在这本书里，我们可以看到名人是如何因他们各自不同的理想、性格而造就他们不同的际遇和人生的；也有机会深刻地了解名人是如何以他们高尚的情操、坚强的意志、超人的天赋在历史的丰碑上刻下烙印的。书中还收录了这些名人的传世名言，翻开本书，故事与图相得益彰，名人的言与行如在眼前。

本书旨在使青少年通过读名人的故事，了解历史，感悟人生，陶冶情操，激励斗志。认真阅读本书，你会豁然开朗，在我们习以为常、平淡无奇的生活中，重新审视自己的位置，挖掘不尽的潜能，获得更大的成绩。

无数青少年都有生当作"人杰"的远大抱负，阅读这些名人的故事，会让你站得更高、看得更远——走过荆棘密布的小路，前面就是通向成功的大门。愿本书成为你为理想奋斗的路途中如影髓形的朋友，如夏日的清风，似冬日的暖阳，挫折时给你鼓励，成功时为你喝彩。

**编 者**

# 目 录

鲜为人知的名人故事

1

# 思想圣哲

在这个世界上,有这样一群人:他们的人数永远最少,但他们对人类文明的影响永远最大,他们就是——思想家。在张弛起伏的古代思想文化发展史的长河中,他们既相互斗争,又彼此吸收,他们满怀忧国忧民之情、满怀报国之志并拥有大胆探索创新、孜孜以求的精神。他们的故事虽小,但小故事中见大智慧,相信这些故事会给你很大的启示。

# 老子

档案 老子（前571—约前471年），姓李，名耳，字伯阳，谥号聃，汉族，后人称其为"老子"。老子是春秋时期伟大的思想家，是中国哲学道家学派的鼻祖，也是全世界最早具有朴素的辩证思想的哲学家之一。

名言 祸兮福之所倚，福兮祸之所伏。

老子出生于楚国苦县历乡曲仁里。他幼年牧牛耕读，聪颖勤快，从少年时起，老子就立志发奋读书。老子生活的时代正是春秋末期，天下几百个诸侯国相互征伐，人民生活非常痛苦。老子为找到一种能解除百姓疾苦的学问而苦苦思索。30多岁了，他还在家乡苦心作学，无心婚娶。偶然的机缘，使他结识了邻村的一个姑娘蹇氏。原来他和蹇氏早就由父辈指腹为婚，只是后来双方家长都病故了，此事就不了了之。蹇氏的叔叔把她许给了村里的大户百里家的一个白痴儿子，蹇氏坚决拒婚，至死抵抗。

蹇氏再三表明要嫁给老子，在友人的撮合下，他们喜结连理，非常恩爱。一年后，老子的儿子李宗出生了。但没过多久，百里家派人把蹇氏抢了过去，蹇氏拼命反抗，半路上投井而死。老子悲痛欲绝，心如死灰，站在家乡的山冈上，凝望着蹇氏死的方向，暗暗发誓，爱情既然如此痛苦，自己将永不再爱，终身不再娶，立志做学，也算给亡妻一个安慰。此后老子隐居修学，熟读经学、礼制，掌握了丰富的历史知识和广泛的自然科学知识，逐渐成为一个大智者。在老子的哲学中，他最推崇的是以柔克刚,认为柔弱的事物比刚强的事物更具生命力。

《庄子》中记载了这样一则轶闻:老子高寿,惹得了许多人的羡慕。一天,有个人去见他,向他请教长寿的秘方。老子张开嘴,指着自己没有牙齿的口腔,问道:"你看我的牙还在吗?"那人说道:"不在了。"老子又指着自己的舌头问:"你看我的舌头在吗?"那人迷惑的答道"在呀。"老子于是笑道:"牙齿比舌头坚固得多,可是坚固的牙齿没有了,柔软的舌头依然存在! 你懂了吗?"那人恍然而悟。

约公元前 521 年,老子成为了东周王室的守藏书的史官。他的名声当时已传遍了天下。有一天,年轻的孔子登门拜访。孔子毕恭毕敬,向他求教:"请问先生对礼的看法。"老子缓缓说:"你所说的那讲礼的人早已死去,连骨头都腐烂了,留下的不过是他们活着时的空话而已。况且讲礼的君子遇到贤明的君主还可以享受富贵,如果生不逢时,那就会像飘飞的柳絮一样,身不由己,流离失所!"

老子目光转向了窗外,望着远山,悠悠道:"我听说,高明的商人,深藏珍宝而不外露;德高望重的人,容貌长得和愚人一样。你应该去掉身上的娇气和过多的欲望,不要故作姿态和踌躇满志,这些对人没有好处。我只能给你说这么多了。"

孔子回去后,十分感慨地说了这样一番话:"我知道鸟儿善于飞翔,鱼儿善于游泳,野兽善于奔跑,但是我却不知龙是怎样乘长风而直上青天的。我所见到的老子,就像龙一样啊!"

大约在公元前 499 年,老子预感到周王室将乱,已经无心呆在首都洛阳,便辞官归乡。

面对着纷乱而争斗的世界,老子决心写一部大书,阐述自然天道之学,为人处世之道,让统治者读了能够警醒,世人看了能够解脱。他就隐居曲仁里村西的隐阳山中,不顾老病,发奋著书,点点滴滴,年年岁岁,白发人写成了秃发人,并且染上了一身的病痛,终于在公元前 478 年,将要大功告成。不料楚陈交兵,苦县也成了战场,他的手稿被一群窜入山中的匪兵给焚烧了。

老子欲哭无泪,大病一场后,高歌着"祸兮福之所倚,福兮祸之所伏",骑着驴,决心西出函谷关,入秦传道。在那里他遇到了关令尹喜,写下了《老子》一书。大约在公元前471年,老子死于扶风。

老子是我国思想史上影响甚为深远的伟大思想家,他所撰述的《老子》(又称道德经)是道家的开山著作,开创了我国古代哲学思想的先河。这部著作中体现了朴素的辩证法思想和唯物主义色彩,它以"道"为思想体系的核心,反对天道有知,宣扬自然无为的天道观和无神论。老子的哲学思想和由他创立的道家学派,不但对我国古代思想文化的发展做出了重要贡献,而且对我国2000多年来思想文化的发展,产生了深远的影响。

# 墨子

档案　墨子(约前468—前376年),名翟,鲁人。墨子是我国战国时期著名的思想家、教育家、科学家、军事家、社会活动家,墨家学派的创始人。创立墨家学说,并有《墨子》一书传世。

名言　志不强者智不达,言不信者行不果。

墨子出生于公元前480年的鲁国(有的说是宋国)。墨子的父亲是木匠,墨子从小就随父学艺。他心灵手巧,肯于钻研,在他十几岁的时候已经是个能工巧匠了。他的技术可与当时最著名的工匠鲁班媲美。他制作的木鹰能飞上天，还成功地做成了小孔成像的实验。此外，他还发明了许多对农业生产及军事备战有用的器械，如辘轳、滑轮、车梯等。墨子从自身的实践中总结出许多有关自然科学的原理，他在几何、光学、力学等方面都有不少发现。

墨子9岁上了私学，学的是儒家。后来又到邹城拜史氏为师，很快成为老师的得意门生。求学多年之后，墨子回到故乡开始了教学生涯。在博采众长的基础上，墨子对儒家的整个思想体系进行了深入的反思，不满儒家过于注意礼仪而缺乏对人民真正的关心的思想，开始成为了儒家的反对派，创立了墨家学说。

墨子不仅是个思想家，同时也是一个实干家。为推行自己的政治主张而奔走于列国之间，广泛宣传他的学识，足迹遍及鲁、宋、齐、楚、魏等国家。

墨子生活在公元前5世纪左右，那时中国还是一个由许多诸侯国组成的国家。其中楚国是一个大国，宋国是一个小国。当时，一个著名的工匠公输般，为楚国制造了一种称为云梯的新式兵器，这种武器又高又大，用于攻打敌国的墙门，在当时可以说是战略性武器。云梯造成后，楚国就准备攻打宋国了，以便检验这种新式武器的效用。

墨子听到这个消息后，走了十天十夜，赶到楚国国都，拜见了公输般，希望能够阻止这场战争。墨子见到公输般后说："北方有一个人欺侮我，我希望借你的力量杀死他。"公输般不知是计，听了很不高兴，也没有任何表示。墨子接着说："我可以给你很多钱，作为你杀人的报酬。"公输般回答说："我讲道义，不会因为报酬去杀人。"墨子说："楚国是大国，人口不多而土地辽阔，可是它却准备攻打弱小的宋国，这是非正义战争，你口头上说不杀人，可是一旦发生战争，有多少无辜的平民会因为你的新式武器而死去，这跟你亲手杀人有什么区别呢？"

公输般被问得哑口无言，推诿说攻打宋国的计划是楚王的决定，于是墨子和公输般去见楚国国王。见了楚国国王，墨子并没有先说战争。他对国王说："我想请教大王一个问题。"楚王问他是什么问题。墨子说："现在有人放着自己漂亮的车子不要，却想偷邻居的破车，舍弃自己的漂亮华贵衣服不要，却想偷邻居的旧衣服，这是怎样一种人啊？"楚王不知是计，马上说："这人有偷窃的毛病。"墨子抓住时机，马上说："楚国有广阔的土地，而宋国只是一个小小的国家，这就如同一辆漂亮的车与一辆破车的对比；楚国物产丰富，而宋国物产贫乏，这如同漂亮衣服和旧衣服的对比，所以我认为楚国攻打宋国，跟那个犯了偷窃病的人正是一类人。"

楚王一下子不知如何回答才好，蛮横地说："你说得好，但是公输般已经为我造好了云梯，我是一定要攻打宋国的。"墨子不慌不忙地说："云梯并没有想象的那样厉害，不信我可以与公输般模拟作战。"楚王于是为他们准备了道具，包括城墙、守城的器械、云梯及其他攻城的兵器。公输般模拟攻打宋国的城墙，结果任由他多次改变攻城的战术，都被墨子抵挡住了，公输般攻城的器械用完了，墨子守城的方法还有余。

公输般不甘心失败，对墨子说："我知道怎么来对付你，我不说。"墨子也说："我也知道如何对付你，我也不说。"楚王问墨子其中的原因，墨子说："公输般的意图，不过是杀了我。他以为杀了我，宋国就没有人来防守楚国的攻打了。可是，我已经把我的方法教给了我的徒弟，即使杀了我，也不能攻入宋国的城门。"楚王见大势已去，迫不得已地说："我决定不攻打宋国了。"这样，墨子凭自己的机智和勇敢解除了宋国的一场灾难。

在认识论上，墨子重视生产知识，承认外部物质世界的客观性，强调感性直观是认识的来源和根据。在 2000 多年前的古代，墨子就具有这些唯物主义倾向的观点，确是难能可贵的。无疑，这也是墨子和他的学派能够在自然科学上作出重大贡献的重要原因。

墨家学派著作的总汇是《墨子》，原共 71 篇，现存 53 篇，其中《经上》《经下》《经说上》《经说下》等4篇合起来称为《墨经》。这4篇现加上《大取》《小取》两篇,称为《墨辩》。也有人把这6篇叫做《墨经》。

　　《墨子》内容广博,包括了政治、军事、哲学、伦理、逻辑、科技等方面,是研究墨子及其后学的重要史料。西晋鲁胜、乐壹都为《墨子》一书作过注释,可惜已经散失。现在的通行本有孙诒让的《墨子闲诂》,以及《诸子集成》所收录的版本。

# 孔子

**档案**　孔子(前551—前479年),名丘,字仲尼,春秋时期鲁国陬邑昌平乡阙里(今山东曲阜东南)人。中国春秋末期伟大的思想家和教育家,儒家学派的创始人。

**名言**　*学而不思则罔,思而不学则殆。*

　　公元前551年,孔子出生于鲁国(今山东曲阜)一个武官之家。他出生时长得很是怪异难看:鼻孔朝天、牙齿暴露,头顶凹陷仿佛像是一座山丘。孔子的父亲看着孩子的样子,便给他取名为孔丘,字仲尼。

　　孔子的父亲在他3岁时就去世了。他从小由母亲养大,孔子的母亲颜氏很贤德,经常教他识字、读书。孔子自幼聪明,母亲教他说话、识字,学一两遍就记住了。

　　孔子从很小的时候就对礼仪的知识特别感兴趣,总是问个不休。

3 岁那年,一天狂风大作,雷声阵阵,孔子的母亲颜氏正忙着收衣服,却看见孔子一个人拿着俎豆走到家门前。过了一会,还不见孔子回来,她一看,孔子在门口用土堆和草摆了像模像样的祭祀的仪式,口中还念念有词。她招呼孔子说:"要下雨了,快别玩了,赶紧回家来。"孔子一本正经地回答妈妈说:"我不是在玩,我是在学习如何祭天。"

孔子的妈妈愣住了,可她仔细看着一招一式都很认真的孔子,觉得他确实不是在玩。心里暗暗思量:这孩子的兴趣很好,不如趁机引导他。于是就把孔子送到了外祖父家里,孔子的外祖父是个很懂礼法的人,在他的教导下,孔子进步更大了。

因为家境贫困,孔子稍大一些就很懂事,知道体贴母亲,他经常做一些力所能及的活来减轻妈妈的负担。刚刚 7 岁的孔子就上山去砍柴了,开始母亲不放心他,总是叫哥哥和他一起去,但因为哥哥腿有毛病,孔子就一个人每天去山上。

有一天,孔子砍好了柴正在歇息,忽然被远处传来的一阵美妙琴声给吸引住了。以前,孔子也经常听别人弹琴,比如他的外祖父就会弹琴。但他觉得今天的琴声比起自己以前听到的那些琴声更浑厚有力,更动听,指法高超,犹如天籁。他听着听着就像入了迷一样,在不知不觉中就顺着琴声找了过去。翻山越岭之后,他看到了一位穿着古雅的老人正坐在树下弹琴。他怕打搅了人家,就坐在一边悄悄听。老人其实已经看到了孔子,但没理他。等孔子从恍若仙境般的感觉中醒过来的时候,老人已经不见了,孔子甚至觉得刚刚做了一个梦。看到天色不早,他顾不得多想,赶紧回家了。

第二天他正在砍柴的时候又听到了琴声,他尽管告诉自己不要打搅老人,但实在忍不住又找到了那里,像昨天一样,睁开眼睛又看不到了,孔子心里很惭愧,觉得自己打搅了人家。第三天的时候,孔子没敢出来,悄悄藏在树后屏住呼吸听,但老人这次弹琴后没走,'把孔子从树后叫了出来。孔子很不安地对老人说:"我每天在您身边真的是打搅您,但您弹得实在太好了。请您原谅我的莽撞，如果您不希望我出现，我以后就不来了。"老人见孩子很诚厚，笑着问他的来历，孔子说："我姓孔名丘，字仲尼，排行第二，3岁丧父，哥哥的腿有毛病，我们靠砍柴度日。"

老人想考考孔子，就问了史书上的一些事，结果孔子对答如流。老人很满意就问他："你很喜欢琴吗？"孔子回答："母亲对我说，'六艺'是立身的根本，琴为乐，是六艺之一……"老人问孔子："你愿意学琴吗？"聪明的孔子马上拜倒在地，声音洪亮地说："孔丘愿意拜你为师。"就这样，孔子跟随老人学琴，为了能学好，他刻苦地练习，无论冬夏都坚持不懈。因为白天要砍柴，所以他晚上要练习很晚才能休息。功夫不负有心人，两年之后，他的琴技有了很大的提高。人们形容他的琴声"似行云流水，百鸟齐鸣，风听了不吹，鸟听了不飞，绕梁三日不退"。成为春秋时期著名的鼓琴大师。

16岁时，孔子的母亲也过早地离开了人世。孔子不得不学各种手艺来维持生活。贫穷的生活不仅没有使孔子气馁，反而更加坚定了他发愤学习的志向。孔子孜孜不倦地在求学道路上探索和进取，他向名人学习，也向平民百姓学习，他曾说："三人行，必有我师。"据说，孔子同别人一起唱歌，觉得人家唱得好时，一定要请人家再唱一遍，然后自己又和着人家唱。孔子称自己"三十而立"，就是说30岁时他已经确立了一套立身处世、认识和处理当时各种问题的原则思想。孔子30岁时，学业已经远远超过了古代的"六艺"范畴，博学多识的名声也越来越大。有一次，孔子在曲阜城西进行习射活动，人们听说是孔子在习射，都纷纷赶来观看，围观的人简直像一堵墙。孔子要把自己的思想向天下传播，他办起了私学，招收了很多学生，据说前后大概有3000多人。孔子招收学生不分贵贱，他提倡"有教无类"，注重"因材施教"，循循善诱。在他的学生中，精通六艺的得意门生就有72人。这些学生都成了远近闻名的贤德君子。

作为儒家学说的创始人，孔子的学术以礼仪为规范，以仁爱为根

鲜为人知的名人故事

本,他想培养出品学兼优的道德君子,主张"学而优则仕",希望国家的政权掌握在高素质的文化人手中。他将教育普及于平民,培养出了许多出生下层平民的人才,被天下人尊为"圣人"。

公元前498年,为能寻到一块实现自己抱负的乐土,孔子开始周游列国。孔子游历了整整14年,历经磨难,仍无结果,只得返回鲁国,这时他已68岁了。

孔子的理想是"修身齐家治国平天下",却误走了"克己复礼"的道路,四处碰壁,一生不得志。直到晚年,才明白了社会发展的规律,只能顺应潮流而动,不能违背。遗憾的是当他明白的时候,他已风烛残年,没有力量去更换他那套实用儒学的内容了。

以后,他整理《诗》《书》,并编撰了一部名叫《春秋》的编年体史书。

公元前479年的初春,孔子病逝。孔子死后,他的弟子将他的言论编成了一部名叫《论语》的著作。在接下来的几千年里,他的思想得到了广泛流传并且牢牢地主宰了中国人的生活。

# 孟子

档案 孟子(前372—前289年),名轲子舆,又字子车、子居,战国时期鲁国人(今山东邹城人),汉族。儒家最重要的代表人物之一。是中国古代著名思想家,教育家,战国时期儒家代表人物。

名言 老吾老,以及人之老;幼吾幼,以及人之幼。

公元前 372 年,孟子出生于邹国(今山东邹城),是鲁国公族孟孙氏的后代。

孟子 3 岁时父亲就去世了,对孟子的教育就落在他母亲一个人的肩上。

孟子的母亲有见识又懂得如何教育子女,她深知"近朱者赤,近墨者黑"的道理。著名的孟母三迁成为后世传颂的故事。据说,早年孟子一家居住在墓地附近。墓地里每天都有送葬的人忙忙碌碌,每天都有人在这里挖坟掘土。孟子觉得特有意思,也常学着他们的样子拿着小铁锹挖土坑玩。孟母一心想使儿子成为好读书、有学问的人,她感到这个环境实在不利于孩子成长,就把家搬到集市附近。集市上人来人往、络绎不绝,行商坐贾高声叫卖,炫耀着各自的商品。孟子天天在集市上闲逛,对商人的叫卖声很感兴趣,每天都学着他们的样子,随便抓起一样东西在那里喊叫、喧闹。这种环境对孩子更没有什么好影响了,于是孟母又把家搬到学宫附近居住。学宫是国家兴办的教育机构,聚集着很多有学问、懂礼仪的读书人。在学宫文化气氛的熏陶下,孟子也整天在家读书演礼。孟母看到这种情况,知道选对了地方,非常高兴,就在这里定居了下来。

孟子少年读书时,开始并不用功,见此情景,孟母很是焦急。有一次,孟子从学堂回来,孟母正在织布。孟母问:"你近来学习怎么样?""还跟以前一样不好不坏。"孟子洋洋得意地说。孟母很生气,举起一把刀把刚刚织好的布割断了。孟子看到母亲把辛辛苦苦织的布割断了,心里既害怕又不明白其中的原因,连忙问母亲出了什么事。孟母语重心长地说:"学习就跟织布一样,布断了再接不起来,学习不时时用功,不常常温故知新,就永远也学不到本领。"从此,孟子牢记母亲的话,起早贪黑,刻苦攻读。

公元前 358 年,孟子就拜孔子弟子子思的门下为师,学习诗书礼仪。

公元前343年起，孟子的思想已经形成，在家乡开始教徒讲学。孟子认为人性本善。他认为好人坏人之分，主要是由于社会的影响。他把人比作山木。他说，"山上的树木本来是茂美的。但因为它接近都市，人们不断地对它砍伐，牛羊践踏不已，于是长得不成样子，能说这些树木原来是不美的吗？人也是这样，本有善良的品性，但不断被摧残，得不到发扬，最后变得同禽兽差不多，能说人的本性原来就是这样的吗？"孟子认为民众的问题最重要，君王的问题不占重要地位。君王在用人时，应该尊重人民群众的意见，因为人民群众才是最智慧的。这种民贵君轻的思想是极为可贵的。

孟子认为统一才能安定。他不主张用战争来实现统一，提出了"以德服人""仁者无敌于天下"的理论。但他并不反对一切统一战争。孟子认为决定战争胜负的是人心的向背。他说，如果对老百姓施行仁义的政策，百姓就会为国君拼命，即使让他们拿着木棒也可以抵得住坚兵利甲。

孟子政治思想的核心内容是"王道""仁政"。意思是人的本性是好的，应该把人当人看。统治者要想得到天下，办法在于得民，得民的关键在得人心。孟子所说的王道，最主要的就是给予人民产业，轻徭薄赋，减少刑罚。

从公元前330年起，孟子开始周游列国，希望能推行自己的"仁政"思想，造福于天下百姓。孟子向梁惠王说："不耽误农活的季节，粮食就会吃不完。不用细密的渔网到湖里去捕鱼，水产就会吃不完。伐木者按适当的时令砍伐树木，木材就会用不尽。粮食和水产都吃不完，木材用不尽，这样就能使百姓能够生活，死后有钱埋葬，没有什么不满足的。生养死葬都没有不满，就是王道的开端了。"孟子去见齐宣王说："把泰山夹在腋下而跳过北海，告诉人说'我不能'，这的确不能。替老年人按摩肢体，告诉人说'我不能'，这是不肯做，不是不能做。所以王不能称王于天下，不是属于夹着泰山越过北海一类；王不能称王于天下，是属于按摩肢体一类。敬养自己家的老人，从而推广到敬养别人家的老人；爱护自己家的小孩，从而推广到爱护别人家的小孩，这样统治天下就会像在手掌上玩弄东西一样容易。"

孟子游说列国，发现天下没有肯施行仁政的国君，相比之下倒是齐王还有接受他政治主张的可能性。他离开齐王并未立刻回家，而是逗留在齐国边界。有人问他为什么，他苦笑说："我希望齐王能够觉醒，派人来找我回去。"等到希望破灭后，才遗憾地一个人走了。

从公元前310年起，孟子在邹国讲学，并写下了论述自己思想的著作。约公元前289年，孟子逝世，享年84岁。后人称他为儒家"亚圣"。

# 庄子

档案   庄子（约前369—前286年），名周，字子休，汉族。后人称之为"南华真人"，战国时期宋国蒙人。著名的思想家、哲学家、文学家，是道家学派的代表人物，老子哲学思想的继承者和发展者，先秦庄子学派的创始人。

名言   吾生也有涯，而知也无涯。以有涯随无涯，殆已；已而为知者，殆而已矣。

庄子生于公元前369年的宋国蒙地（今河南商丘顺河清凉寺），他是战国中期道家学说的集大成者。庄子住在贫民区，生活贫苦，甚

至要靠打草鞋过活,在他做漆园吏期间,收入也很微薄,仅够糊口。某年春荒,无粮下锅,不得不去找监河侯借米,监河侯是宋国黄河水利官员,为人极为小气,他说:"好吧,到了年底,领地百姓给我交纳赋税来,我一定借给你三百金。"庄子遭到婉拒,又不好愤怒叫骂,只能讲了一个笑话讽刺对方也揶揄自己。他说:"我来这儿的路上看到一条鲫鱼躺在路边车轮碾的槽内,它说:'求你给一升水,便可以使我活命。'我绕开它说:'我要去游江南,游完江南,再去蜀国放水入长江,引长江灌黄河让黄河泛滥,洪水滚滚而来,这样使你得救。'鲫鱼说:'那你还不如早些到干鱼店去找我。'"由此可窥庄子生活的清苦与窘困之一斑。他在见魏王时也只穿麻布衣衫且襟上打了补丁。

庄子学识渊博,对当时各派学术都有研究,他尤其深入地探索了宇宙本源和万物产生的问题。他认为,世间万物皆出于"道","道"能生化万物,它无时无刻不在运动和变化,并有着自己的运动规律。"道"是一种看不见、摸不着,能自动产生并且永不会毁灭的东西。他认为"道"不但无形,还"无为"。他还认为,天道自然,主张人也应该顺应自然,否则就会违逆万物的本性。

庄子的妻子死了,惠施前去吊唁。他看到庄子坐在地上,边敲瓦盆边唱歌,就说:"你的妻子跟你过了一辈子,为你生儿育女辛苦一生,现在她死了,你不哭就够可以了,还唱歌,这恐怕太过分了。"庄子说:"不是这样,她刚死时我怎能不伤心呢? 但后来我想到世上最初本没有生命,连形体也没有,只是经过变化才产生生命。人死了在天地间如同睡觉一般安稳,我还要哭她,这是不懂天命的自然变化啊!"

庄子看破红尘,不愿为官。据说,楚威王听说庄子才学很高,就派使者带厚礼请他做国相。庄子却对使者说:"你还是赶快走开,我宁愿像乌龟一样在泥塘里自寻快乐,也不愿受一国之主的约束。"这些故事都反映了庄子的世界观,即视人的生死为自然规律,生不足乐,死不足悲;蔑视权贵,追求天人合一的理想境界。庄子生活的时代,各诸侯国为了兼并对方互相混战不休,战争的规模和激烈程度都超过以往的时代,因此庄子的超脱厌世思想也更趋极端。他甚至认为人兽杂处的时代是至德之世。

《逍遥游》《齐物论》是庄子留给后人的哲学巨著和文学杰作,是珍贵的古代文献。

庄子用奇妙的寓言和生动的词语描述自己的思想。《逍遥游》中有一则寓言讲:北海有条大鱼,名鲲,个子大得不知有几千里,它一变而成鸟叫鹏,鹏的背不知有几千里长。鹏奋起飞翔,翅膀像从天上垂下来的云彩。鹏趁着海水震荡飞往南海,激起三千里海浪,掀起旋风,盘旋而上,飞到九万里高空。小雀们听说后嘲笑大鹏说:"它何必飞那么远呢? 我向上飞还不过几丈高就落下来,在蓬草香蒿中翱翔,已经是飞的顶点,还要飞哪里去呢?"小雀不理解大鹏而嘲笑它。庄子认为,不论是大鹏雄飞万里,还是小雀腾跃蓬蒿之间,只是大小差别,其实它们都要受到时空的限制。只有想不受时空局限而任意遨游的人才能进入"无所待"的绝对自由境界——逍遥游。

纵观庄子学说,他的宇宙观、人生观都处于唯心主义的范畴内,但在认识论方面,庄子的思想闪耀着辩证的光辉。他的《庄子》一书中有许多篇章都反映出,关于事物运动无时无刻,关于事物的相对性和对立事物的互相转化,他都有一定认识。有一则"河伯与海若的故事"就体现了这一点:说是黄河之神河伯,由于黄河水面非常宽阔而洋洋自得,认为自己所管的是天下最壮观的水域。可是当他来到北海,看到海水汪洋广大无比,不禁十分惭愧,并向被北海之神海若讲了自己的认识和转变。海若赞许地说:"人们的狂妄受了环境和眼界的限制。北海是天下最大的水域,但我从不以此自傲,因为北海在天地之间不过像泰山上的一块小石头。人只是世界万物的一种,一切事物的大小都是相对的,既有无穷大,又有无穷小。"

《庄子》里还有一个有名的故事,叫"濠梁之辩"。庄子和朋友惠

精品中的精品丛书

施在濠水的一座桥梁上散步庄子看着水里的苍条鱼说："苍条鱼在水里悠然自得,这是鱼的快乐啊。"惠施说："你不是鱼,怎么知道鱼的快乐呢?"庄子说："你不是我,怎么知道我不知道鱼的快乐呢?"惠施说："我不是你,固然不知道你;你不是鱼,无疑也没法儿知道鱼是不是快乐。"庄子说："请回到我们开头的话题。你问'你怎么知道鱼快乐'这句话,这就表明你已经肯定了我知道鱼的快乐了。"人类对世界的认识,永远都是主观的,客观只不过是主观的一种概率。你站在历史之外,可以肯定某些事情是必然会发生的,但如果你站在庄子的池塘边,你会知道,事情本来可以有无穷无尽的选择。庄子的意念,穿越了水和时间,和鱼儿合为一体,水像情人的手,缓缓滑过,岸上的庄子,在水里无比开心。是的,我知道,游泳是快乐的,岸边的那朵花悄悄绽放,并和蜜蜂热烈地亲吻,它也是快乐的;水上的惠施有些忧郁,但他也是快乐的。因为知觉,因为感受。"荃者所以在鱼,得鱼而忘荃;言者所以在意,得意而忘言。"我知道,所以,我反而忘记了我知道些什么,我是如何知道的。世界之所以如此,是因为我要它如此。如果它不如此,我就不能站在这里观察它。我是世间的公理,永不被证伪。不要说是对还是错,这是哲学。

庄子当时已经接触了宏观世界和微观世界的问题。他把道家哲学思想用妙趣横生的寓言来阐述,含义深刻且想象力惊人。比如他说过这样一则寓言:任公子钓大鱼,用巨大的渔具和50头牛的肉作钓饵,坐在会稽山顶,钓东海的鱼。钓了一年钓起大鱼后,任公子将鱼分给浙江以东至湖南嶷山的人吃,到最后人们都吃够了鱼的肉。这则寓言构思奇特,启示人们只有那些有远大理想,才识过人而又不急于求成的人,才可大有作为。

庄子才华横溢,行文汪洋恣肆,所用词汇如万斛珠泉随地涌出。他创造的力词汇丰富了祖国的语言宝库,比如:"鹏程万里"、"燕雀安知鸿鹄之志"等等,今还常常为人们引用。

# 朱熹

**档案** 朱熹(1130—1200 年),字元晦,南宋徽州婺源(今属江西省婺源县)人。南宋著名的理学家和教育家,闽学派的代表人物,世称朱子。

**名言** 读书之法,在循序而渐进,熟读而精思。

朱熹是中国历史上著名的哲学家、思想家、教育家,是继孔子之后儒家发展史上的又一里程碑式的人物。

公元 1130 年,朱熹出生于徽州婺源(今江西)。朱熹从小就非常聪明,而且喜欢思考。四岁时,他的父亲朱松指着天,对他说这是"天",朱熹却追问道:"天上有什么东西呢?"这种追根究底的发问出自一位仅四岁的幼童,使他的父亲很惊异。

朱熹 6 岁就到私塾里去读书了,朱熹很好学,而且进步很快,深得先生喜欢。一日先生讲解《孝经》,书里面有很多古代孝子的故事,先生解释了他们怎样孝敬长辈,见朱熹听得特别认真,还不时低头在《孝经》的书封皮上写点什么,先生有些奇怪,就在讲课的间隙绕到朱熹的背后看。只见朱熹在书的封皮上写着:"做不到他们这样,誓不为人。"

还有一次,在先生教《孟子》的时候说:"人人都可以成为孔子那样的圣人。"朱熹高兴地拍起手来,说:"是啊,孔子有什么神秘,只要努力,人人都可以成为圣人。"先生心里很奇怪,心想:这么小的孩子有这么大的志向,很了不起,后生可畏啊!

一日先生外出,学童们都到院子里嬉闹,没有人上课,不大的天井里充满欢声笑语,沸沸扬扬。这时候,先生从外面回来,望着闹成一团的孩子们,他无奈地摇头笑了。但他突然发现只有朱熹一个人没有参加打闹,坐在沙滩旁边画着什么。他走近仔细一看,原来是《易经》的八卦图。他很惊奇地问:"你画的是什么,你知道吗?"朱熹一看是先生,连忙侧身恭敬地回答:"是八卦图。""那你为什么要画这个?""因为天地四方,宇宙万物都蕴涵在其中。知八卦则知通变,通变是发展的要义。"朱熹说的这番话是先生从来没教过他的,因此先生觉得这个孩子确实很有天赋,从此对他更加另眼相看了。

朱熹14岁时。父亲病逝,临终把家人托给自己的朋友,并命朱熹受教于刘勉之等三人。从此,朱熹与母亲,孤儿寡母开始了寄人篱下的生活,精神时常感到压抑,少年丧父给了朱熹极大的打击,但更激发了他发愤苦读之志,他的思想也成熟了很多。并且谨遵父亲的遗训,受学于胡宪、刘勉之等三位先生,潜心学习,于绍兴十八年(1148年)19岁时赴临安应考,高中进士,获得了当时的最高学衔,实现了士子们一生的梦想。

1150年,朱熹被授予左通功郎。取得功名后,他在学业上丝毫不放松,把精力放在钻研"义理"上,但没有大的进展。古人讲求"三十而立",朱熹年届三十,自觉做官和求学仍没有取得令人满意的成就,在仕途上虽崭露头角,但命运并不能掌握在自己手中,而求学,只要努力就行。因此,朱熹找了个理由辞职去求学,正式拜李侗为师。

朱熹住在李宅旁边的西林院,早晚往来向他求教。在李侗指点下,朱熹的思想和学业都有很大的转变,儒学的根底越来越扎实,儒家的思想越来越坚定。他对李侗非常佩服,他回想自己以前学的禅学,觉得漏洞百出。向李侗学习对他以儒学为核心,吸收佛、道两家的思想,建立理学起了关键作用。

朱熹是北宋开启理学的集大成者。理学是孔子开创的儒学发展到末代的产物。朱熹认为"理"是产生物质世界的基础。在人性问题上,朱熹认为有"天命之性"和"气质之性"。天命之性是虽讲求爱和善的,而气质之性因人的禀性不同,而有圣、贤、愚之分,主张通过修养的功夫去掉人的欲望,而恢复天定的真理。

朱熹不仅是哲学大家,也是重要的教育家,他热衷于教育事业,积极从事讲学活动约50年。即使在并不长的从政期间,也不间断。他每到一处,就整顿县学、州学,创办了同安县学、武夷精舍、寒泉精舍等学社,恢复了白鹿洞书院,创办岳麓书院,并制定学规,编撰教材。他鼓励学生独立思考,重视体验等,培养了许多知识分子。

1200年,朱熹逝世,享年70岁。

# 顾炎武

**档案** 顾炎武(1613—1682年),原名绛,字忠清,汉族,苏州府昆山县(今江苏昆山)人。明亡后改名炎武,字宁人,亦自署蒋山佣。尊称为亭林先生。明末清初著名的思想家、史学家、语言学家。著有《日知录》《音学五书》等,他是清代古韵学的开山祖。

**名言** 天下兴亡,匹夫有责。

**1**613年,顾炎武出生在江苏昆山的一个顾姓望族。顾氏为江东望族,

祖居吴郡（今江苏苏州），后世几经迁徙，到南宋初年定居昆山。顾炎武的叔祖顾绍芾的儿子同古在妻子王氏未过门时就去世了，但王氏矢志守节，因此，炎武出世之后，就过继给已去世的堂叔为嗣，由王氏抚育。

王氏无微不至地关怀顾绛的生活，但对孩子从不溺爱，管教很严，当孩子刚学会说话，她就教他背子曰诗云，给他讲忠臣孝子的故事。而她的言行更是小顾绛的楷模。她每天清早即起，梳洗后就去向长者请安，白天纺纱织布，晚上点灯看书，直至二更时分。婆母死后，她主持家务，上上下下安排得井井有条。她爱看《史记》《资治通鉴》和本朝政纪一类书籍。所以，无论国事、家事，她都颇有识见。尽管她恪守的是那种从一而终的封建妇道，但她勤劳、刻苦、好学、自律、不屈不挠的品德却影响着顾炎武。

可以说，王氏是顾炎武最早的思想、道德教师。后来，顾炎武回忆起幼年生活时，非常感激地称颂这位嗣母是"女史大家箴"，把她比作中国古代有德行、有见地的杰出女性，如班昭一类的人物。

如果说嗣母王氏主要是教给了少年顾炎武做人的道理，那么，最早教他学会读书和认识社会的人，则是他的嗣祖父。

嗣祖父顾绍芾是一个很有学问的人。他早年随在外做官的父亲，到过广西、山东、南京等地，对于各地风土人情和官场的内幕多有了解。他既有才气，又很勤奋，诗写得好，写的字连同时代的大书画家都很佩服。他也很喜欢顾炎武这个嗣孙，每天都要把孩子叫到书房，向他问这问那。顾炎武7岁进私塾后，每天放学回来，嗣祖父都要考问他当天的功课。

一天，10岁的顾炎武来到祖父的房间，看到祖父正在看一本叫《资治通鉴》的书，好学的他以前就听别人讲起过，但那具体是怎样的一本书，自己并不清楚，因此问祖父。祖父看见他急切的样子，想到可以引导他读这本书，就笑着对他说："这是现存的最大编年体史书，内容丰富，知识浩瀚，是宋朝的大学者司马光编的。目的是将天下历史都综合起来编成一本,让皇帝看。但他的卷数太多了,因此很多人开始的时候很想读这本书,但往往坚持不了多久就放弃了,这里面就包括很多大学者、大文人,所以真正能读完的真是少之又少啊。"

顾炎武瞪大眼睛听着祖父的介绍,心里不由涌起一股强烈的求知欲望,他暗下决心:自己一定不能错过这么好的书。于是对祖父说:"再大的书只要想读没有读不完的,读不完的都是因为没有毅力。"祖父听了这话很是激动,高兴地问道:"你是想读这部书吗?""那么多的知识在里面,当然想读了。而且我下决心用三年读完。"顾炎武回答道。祖父拍着顾炎武的肩膀说:"好孩子,有志气,我祝你成功。"说着,就将《资治通鉴》的第一部搬出来给顾炎武,顾炎武回到书房后并没有急着看,他先详细地制定了一个读书计划,将每天读多少,计划怎么读很清楚地给自己规定好。

自从开始读《资治通鉴》后,顾炎武更少出门了,他每天只有按照自己的计划将规定的任务量完成之后才会干别的,雷打不动,即使生病的时候也不例外。三年的时光一晃而过。

这天,顾炎武捧着最后一部书来到祖父的书房,非常高兴地说:"我已经把书都读完了。"说着,又回到自己的房间把厚厚一摞读书笔记抱了过来,祖父翻开一看,里面用工整的小字将他对书的认知、疑惑都很清楚地写了出来。祖父不禁连连点头,问他:"你的那部手抄本《资治通鉴》还在坚持吗?"顾炎武点点头,祖父感慨道:"从司马光编完,也没有几千人能把它抄完啊,你真是有毅力、有志气的好孩子!"

祖父看到顾炎武志气如此大,如此刻苦,感到他非同一般少年可比,于是就下工夫教育他,主动教他学习天文、地理、政治、兵农等知识,引导他了解社会,关心国家大事,为他一生的治学开辟了宽阔道路,让以后的顾炎武成为文学、哲学、历史、地理等各方面兼通的大学者。

1630 年秋,18 岁的顾炎武到南京参加应天乡试,加入"复社"反对宦官擅权的斗争。清兵南下,嗣母王氏绝食而死。他参加了昆山、嘉定一带人民的抗清斗争。

清顺治十三年(1656年),只身北上,遍游山东、河北、山西、陕西等地,结纳各地爱国志士,观察中原地区的地理形势,以图恢复。

康熙七年(1668年),为山东"黄培诗案"株连入狱。经友人营救获释。清廷曾多次逼迫他参加纂修《明史》,均遭严词拒绝。顾炎武研究经学,反对空谈,注重确实凭据,辨别源流,审核名实,开清代朴学风气。清康熙二十一年正月初九(1682年2月15日)在山西曲沃因病去世。

顾炎武治学范围广阔,著作甚多,其中最有价值的代表作品有:《日知录》《音学五步》《天下郡国利病书》《肇域志》以及后人编辑的《顾亭林诗文集》。

在明末清初的社会大发动荡之中,顾炎武以其崇实致用的学风和锲而不舍的学术实践,宣告了明末空疏学风的终结,开启了一代朴实学风的先路。他一生不屈服于恶势力,强烈地关注国家、民族的前途和命运。卓越的、多方面的学术和思想成就,使他无可争辩地受到当时及后世的称赞。

# 政治巨子

　　古人说：时代造就英雄，英雄推动历史。这是人类历史的发展规律。历史的发展，风起云涌，每一位伟大的政治家都是他们所处时代的弄潮儿，社会的进步离不开政治家们的推动。没有秦始皇的一统中国，华夏民族融合的进程也不会迅速加快，没有伟大领袖毛主席建立新中国，人民就没有真正当家做主的一天……政治家们的故事会让我们获益匪浅。

# 勾践

**档案** 勾践（前497—前465年）在位，（因为是大禹的后代，所以姓姒）又名菼执，春秋末越国国君。曾败于吴，屈服求和。后卧薪尝胆，发愤图强，终成强国。公元前473年灭吴。

**名言** 君主贤明，自然能聚积贤才。

公元前496年，越王允常去世，勾践即位。吴王阖闾趁越国举丧之际前来进攻，勾践起兵抵抗，双方展开大战。结果吴军大败，阖闾受箭伤死于回国途中。他的儿子夫差即位后，时时不忘杀父之仇，用了2年多的时间练兵。

勾践得知吴王夫差日夜练兵，打算先发制人讨伐吴国，大夫范蠡进谏说不可。勾践不听，于公元前494年率军攻吴。吴王夫差亲自率精兵迎战，两军大战于夫椒（今江苏吴县）。这次是越军大败，勾践带着剩下的5000人逃至会稽山，被吴军包围。勾践非常后悔，范蠡出计让大夫文种贿赂吴太宰，向夫差请求称臣投降。夫差其人比较优柔寡断，没有听从相国伍子胥要他坚决灭掉越国的忠告，答应了勾践的请求，但他要求勾践夫妇到吴国为他服役。勾践将国内事情托付给文种等大臣，带着夫人和范蠡去吴国。大臣们见国君为保国复仇甘受屈辱，都哭着向他保证一定要治理好越国，百姓也都哭着为他送行。

勾践到达吴国都城，夫差有意羞辱他，要他住在阖闾坟前的一个小石屋里，白天为夫差喂马擦车，黑夜为阖闾守坟看墓。夫差每次驾车出游,勾践都要给他牵马,步行在车前,经常受到吴国百姓的耻笑,他都低头忍受。夫差生病,勾践前去问候,还掀开马桶盖亲尝夫差刚拉的大便,极力显出体贴的样子,以博取夫差的信任。时间过了3年,由于勾践尽心服侍,再加吴国太宰不时接受文种派人所送之礼而在夫差前为勾践说好话,使夫差认为勾践已真心臣服,决定放勾践夫妇和范蠡回国。

勾践回到越国后,为了激励自己不忘报仇雪耻,睡觉时不铺褥子而铺上柴草。在房间里挂了一个苦胆,每顿饭前都要尝尝。这就是"卧薪尝胆"典故的由来。为向百姓做出表率,他和夫人始终过着清贫的生活,吃饭没有鱼、肉,穿粗布衣衫,自己经常同百姓下田耕种,夫人也自己养蚕织布。

越国遭受战争创伤,田地荒芜,人口减少,生产受到很大破坏。为使国家富强,勾践采纳了范蠡、文种提出的"十年生聚,十年教训"之策。要范蠡负责练兵,文种管理国家政事,推行让人民休养生息的政策,国家奖励耕种、养蚕、织布,尤其鼓励生育,增加人口。

在越国迅速恢复生机的同时,勾践又采取许多办法麻痹吴国,造成吴国内耗。勾践年年按时给吴国纳贡,使夫差始终相信他是真心臣服。继续贿赂吴太宰。派出奸细刺探吴国的消息,散布谣言以离间君臣关系,使夫差杀害了忠臣伍子胥。勾践又以越国遇灾害为理由,不时向吴国借粮,使吴国粮食储存减少,而越国则储备充足。探知夫差要建造姑苏台,勾践派人运去特大木料,夫差非常高兴,扩大了姑苏台的设计,使吴国更加劳民伤财。勾践又施美人计,为夫差的姑苏台选送美女。其中一个叫西施的,不仅美貌无比,且有才识,是由范蠡在苎萝山上选得,并经过了训练。夫差得到西施,极其宠爱,以至言听计从。

公元前482年春,吴王夫差率全国精锐部队北上黄池去争当各国霸主,国内只留下太子和老弱兵卒守卫。越王勾践想乘吴国国内空虚之机出兵攻吴。范蠡认为时机未到。他认为吴国大军出境还未远,得知了越军乘虚而人,会很快回兵的,因此劝勾践暂缓出兵。几个月之后，范蠡估计吴军已到了黄池，就催促勾践出兵攻击吴国。勾践于是率领5万大军攻打吴国。吴军大败，太子阵亡。这时，夫差已打败齐国，正约晋、卫、鲁等国在黄池会盟，当上了霸主。接到消息，十分懊丧，只好派太宰向越国求和。勾践和范蠡认为吴国还有实力，一时消灭不了，答应讲和，退兵回国。

公元前478年，范蠡、文种乘吴国多年灾荒又遇大旱，百姓饥饿，再次建议勾践起兵攻吴。越军众志成诚，大败吴军。吴王夫差被越军长期围困，无法支持下去，于是派人光着上身用膝盖走路去向勾践求和。勾践于心不忍，正要应允，范蠡上前说："大王您忍辱受苦20余年，为了什么？现在能一旦抛弃前功吗？"转头又回绝来人说："过去是上天把越国赐给吴国，你们不要。今天是上天把吴国赐给越国，我们不敢违背天命而听从你们的请求。"来人还要哀求，范蠡毅然击鼓进兵。吴王夫差见大势已去，就自杀而死。

勾践率领士气正旺的越军，北渡淮河，与齐、晋等国会盟于徐州。从此，越军横行江淮一带，诸侯全都来朝贺，勾践成为了新的各国霸主。

# 秦始皇

**档案** 秦始皇（前259—前210年），嬴姓，赵氏，名政，秦庄襄王之子。汉族（原称华夏族），出生于赵国首都邯郸（今河北省邯郸市），被誉为"千古一帝"。

**名言** 朕为始皇帝。后世以计数，二世三世至于万世，传之无穷。

秦始皇名叫嬴政,战国时代秦国庄襄王之子,秦王朝的创建者,是中国历史上的第一个封建皇帝。他建立了中国历史上第一个中央集权制的封建国家,拉开了中国2000多年封建历史的序幕,被誉为"千古一帝"。

当时秦王孙异人作为人质落魄于赵国,有巨贾吕不韦将自己的爱姬名赵姬者割爱于异人为妻。公元前259年,异人之子嬴政出生于赵国。据说他高鼻大眼,胸向前突,哭叫声音尖厉,像是豺狼吼叫。当时,秦赵两国正在交兵,嬴政在战火中的邯郸呆了三年,幼小的他在喊杀声中成长。公元前257年,异人在吕不韦的帮助下,逃回秦国。

公元前249年,异人继承王位,是为秦庄襄王。秦庄襄王在位三年就病死了。年仅13岁的嬴政继承了王位,因他年幼,国家政权便落入了已是太后的赵姬和相国吕不韦手中。

吕不韦被秦王嬴政尊为"仲父",权势极大,食邑万户,家僮成千,财富巨万。同时,吕不韦为了扩大自己的政治影响力,又召集许多门客搜集巨制《吕氏春秋》以期彪炳千古。

赵太后与吕不韦旧情不断,然而秦王嬴政已渐渐长大并对二人私情似有察觉。为退身计,吕不韦于是就把美男子名嫪毐者引荐给赵太后。赵太后非常宠信嫪毐,私下和他生了两个儿子。由于赵太后的大力扶持,在嫪毐身边迅速形成了一个势力强大的政治集团。

这样,在秦始皇的身边有了两个对他政权构成威胁的人,一个是吕不韦,一个就是嫪毐。在秦王八年,即公元前239年,秦始皇满21岁,依照秦国的旧制,第二年要举行加冠礼,然后就可以亲政了。而吕不韦和嫪毐却在此时向他示威:吕不韦公开拿出了《吕氏春秋》,嫪毐则依仗赵太后的势力,私自分土封侯。秦始皇在挑衅面前不动声色,而是按计划举行了加冠礼,而嫪毐却等不及了,他想乘机叛乱,杀掉秦始皇,结果被早有防备的秦始皇平息,自己被捉,最后处以车裂酷刑,诛灭三族。他的同党被诛杀的有20多人,牵连的多达4000多家。赵太后和嫪毐生的两个私生子也被杀,赵太后则被软禁起来,经过群臣的劝说,秦始皇亲自把母亲接回咸阳。

除掉嫪毐的第二年,秦始皇又免掉了吕不韦的相国职位,把他赶出咸阳,让他到自己的封地洛阳。两年后,秦始皇为了避免吕不韦和其他国家串通作乱,派人给吕不韦送去绝命书,信中对吕不韦大加斥责:"你对秦国有什么功劳,却能封土洛阳,食邑十万?你和秦国又有什么亲缘,却得到仲父的称号?你快给我滚到西蜀去吧!"吕不韦知道自己去也是最后难免一死,干脆服毒自杀了。到了公元前238年,22岁的秦始皇开始了真正的大权在握。

此后,他重用李斯、尉缭、姚贾、蒙恬、王翦等文武人才,在李斯"灭诸侯,成帝业,为天下一统"的劝勉声中,吹响了统一全中国的号角。从公元前230年到公元前221年的10年中,秦王嬴政采取了分化瓦解,各个击破的策略,或武力威胁,或重金收买,或离间君臣,或挑拨将帅,或蚕食,或强攻,迅速消灭了韩、赵、魏、楚、燕、齐六个国家,结束了诸侯割据的战国时代,从此中国进入了一个大一统的时代。

公元前221年,嬴政统一中国。他为了炫耀自己统一天下的功德,确立至高无上的权威,创立了"皇帝"的尊号,自称为始皇帝。以后他的子孙继承王位,按次序称二世、三世,妄图无穷尽地传下去。

为了把一切权力集中到中央,秦始皇一反分封诸侯的传统,实行了郡县制,把全国分为36个郡,郡下为县,县下为乡,乡下为亭,亭下为里,层层控制,整个权力集中到中央,再通过中央集中到皇帝。皇帝任免所有的大臣和郡县官员。

战国时代,由于诸侯割据,各项制度很不统一,造成了民间经济文化交流的困难。秦始皇统一全国后,在秦国法律的基础上颁行了统一的法律,制定了统一的度量衡,规定了统一的货币,废除了各国的异体字,全国上下一律使用秦小篆和隶书,统一了文字。秦始皇所采取的统一法律、度量衡、货币、文字等措施,不仅对于消除割据的影响、巩固统一的政权具有重大意义,而且对于促进全国的经济、文化联系也具有积极作用。

秦始皇统一中国后,派大将蒙恬领兵 30 万北逐匈奴,经过几次大战,收复了河套以南地区。为了进一步有效地防御匈奴的进犯,秦始皇在秦、赵、燕三国原有长城的基础上,加以连接和补拙,筑成一条长达万里的长城,西起陇西临洮,东至辽东碣石,从而解除了秦国北方的严重威胁,保障了这一地区经济文化的发展。但修筑长城动员了近百万工役,耗尽了人力物力,给人民造成了深重的灾难。

公元前213年,秦始皇为了实行思想文化的专制,下令烧毁了民间所藏的不属于官方规定保留的大量书籍。焚书的第二年,秦始皇发现有人议论他,便派人严加追问,把有牵连的儒生活埋了 460 多人。秦始皇"焚书坑儒"一定程度上稳固了当时的统治,但是手段过于残酷愚蠢,毁灭了大量的古代文化典籍,造成了文化上的重大损失。

晚年的秦始皇想长生不老,派人到东海中去求取仙药。又为自己大修陵墓,征用了 70 万囚犯服役,一直修了 37 年,到他死时还没有完工。

公元前220—前210年,秦始皇五次出巡,走遍了全国,想以自己的气势震慑天下,威服海内,最后病死在东巡途中。

# 刘邦

档案 汉高祖刘邦（前256—前195年），字季，沛郡丰邑中阳里（今江苏丰县）人，汉族。秦朝时曾担任泗水亭长，公元前206年被义军盟主项羽封为汉王；公元前202年2月28日，刘邦在定陶城边的汜水北岸称帝，7月建都长安（今陕西省西安市）。

名言 人只要充分发挥其才能，就什么事都能做成。

刘邦少年时候绝非读书之人。他性格豁达粗犷，待人宽厚，平时他很少参加家庭的农业生产，生性爱玩，不愿干活。父亲为此曾多次责备他，但无济于事。长大之后，刘邦更是无所顾忌，好交游，爱酒色。没钱时就赊酒来喝，常常喝得醉醺醺的。

刘邦虽然在生活上有失检点，但他却胸怀大志。秦始皇统一六国后，国内和平安定，经济上也有所发展，人民生活也比战国时期富裕多了。秦始皇为了显示其一统天下的威风，常常威武雄壮地组织马队外出视察。有一次，刘邦趁到秦国都城咸阳（今陕西咸阳市东北）服役的机会，目睹了当时国都京城的繁荣壮观景象。一日，当刘邦又像往常那样正目不暇接地观看着"花花世界"时，突然人声鼎沸，马嘶贯耳。随之而来的便是令人恐怖的喝斥声和人们纷纷躲闪的脚步声。刘邦不知发生了什么事，抬眼一看，只见一支全副武装的士兵护卫着庞大的车队正缓缓而来。

"这是秦始皇巡行都城来了。"旁边有人悄悄地告诉刘邦。

皇帝，刘邦从来没有见过皇帝，这个词在他心中既陌生又带有几分神秘。当秦始皇的车队驶过刘邦的身边时，刘邦第一次感到了皇帝的威严。他知道了什么叫威风凛凛，什么叫气宇非凡。刘邦不由自主地赞叹："嗟乎，大丈夫生当如此矣！"

从此，在刘邦的心中便深深地印下了这句话。有朝一日，他也要像秦始皇那样，驾车巡行，让天下的人都看到他的尊严，都向他叩拜。从咸阳回来后，刘邦通过考试当了秦国的泗水亭长。秦国当时乡村的基层政权，十里为一亭，十亭为一乡。亭长是掌管一亭之内治安和道路的地方小吏。刘邦虽然出身卑微，而且亭长也是一个没有级别的小官，但他却不以为然，常常嘲弄县里的官吏，认为这些人都是碌碌凡庸之辈，不值得交往。唯独与沛县的主吏萧何和管理刑狱的曹参志趣相投，交往甚密。

有一年，沛县来了一位贵客，是沛县最高行政长官沛县县令的一位远方挚友，人称吕公，吕公名父，字叔平。其家乃豪门大户，只因躲避仇杀，才到沛县来避难，虽说是来避难，但毕竟吕公乃豪门之家，再加上又是县令的挚友，故县里的豪杰吏曹们都来拜贺。刘邦身份虽低，但迫于面子，也前来拜访。当时萧何正好任宴席的司仪，由他主办宴席，他向来客宣布："凡贺礼不满一千钱，都坐在堂下。"当时，刘邦分文未带，听到这个规定后，竟毫不在意，对传达的人说："我贺钱一万。"传达告诉吕公后，吕公很惊讶，连忙亲自下堂迎接。吕公看到刘邦之后，觉得他相貌非凡，眉宇间透着一股龙气。因此吕公对他十分敬重，与刘邦入席就坐，畅饮长谈。谈话间，吕公更是对刘邦喜爱备至。酒后，吕公示意刘邦留下，问其家世，提出愿把自己的女儿许配给刘邦。这对刘邦来说乃求之不得之事，便爽快地答应了。

秦二世元年（前209年）秋天，陈胜等人在蕲县（今安徽宿县）起兵反秦的消息传开后，各郡县人民大都杀死郡守县令以响应陈胜起义。沛县县令十分害怕，想率领沛县响应陈胜起义，于是会同手下官吏派樊哙去请刘邦。此时刘邦已有一支上百人的队伍,加之众人敢领头,大家便拥立刘邦为沛公。

秦二世三年(前207年),楚怀王任命刘邦为砀郡(今河南永城东北)长,又封他为武安侯。刘邦领兵西进,经过高阳城(今河南杞县西)时,当时是高阳城守门小吏的郦食其看到刘邦和他的队伍后,认为经过高阳的将领虽然很多,但都不如刘邦。便去求见刘邦,献上自己的计策。此时刘邦正坐在床边,由两个侍女给他洗脚。郦食其并不跪拜,只是抱拳拱手为礼,说:"您如果确实想推翻暴君的统治,就不应该这样随便地接见我这年长的人。"刘邦一听,连忙下床,整衣赔罪,请郦食其上首坐下。郦食其这才建议刘邦袭击陈留,夺取秦的存粮,刘邦一听,连声叫好,当时就封郦食其为广野君。

公元前206年10月,刘邦率领大军在其他诸侯之前进攻灞上,接着便向西进入咸阳。秦王子婴见大势已去,便率众投降了,刘邦见到秦朝富丽堂皇的王宫,堆积成山的财宝和令人心醉神迷的宫女,不由沉迷起来,就想住进秦宫,经樊哙和张良劝说后,最终率军退住灞上。随后他召集附近年长的人和那些在民众中有影响的人说:"我与你们大家约定一个简明的法律,只有三条:杀人者偿命,伤人和为盗者按轻重判罪。至于秦的那些法律,一概废除。"秦国民众大喜过望,争先恐后地送来牛、羊、酒和食物犒劳士兵。刘邦婉言谢绝,坚持不受礼,说:"仓里粮食很充实,不想麻烦大家,耗费你们的钱粮。"秦国民众一听,更加高兴,都从内心里欢迎刘邦,希望他能在秦地为王。刘邦的所作所为在关中的百姓心中留下了美好的印象,大家都祈祷刘邦能留下来当关中王。刘邦此举,争取到了关中地区广大百姓的拥戴,为以后的发展奠定了坚实的基础。

公元前203年12月,刘邦在垓下一战中大败项羽,项羽见大势已去,便拔剑自刎了。公元前202年正月,刘邦正式登基称帝,国号为汉,从此,汉王朝开始了长达400多年的统治。

# 曹操

**档案** 曹操(155—220年),字孟德,小名阿瞒、吉利,沛国谯(今安徽亳州)人,汉族人。东汉末年杰出的政治家、军事家、文学家、诗人。

**名言** 宁我负人,毋人负我!

曹操公元115年出生于一个大官僚家庭。自幼机警聪明,勇敢又调皮,富有胆量和心计。每日游玩放荡,不喜欢从事生产。其实,表面上调皮好动的曹操,私底下却是个用功读书的学生。少年时的他非常喜欢兵学,博览了各家兵法,并自己作注解。

根据《世说新语》记载,有一次,曹操和袁绍看人家办婚事。夜间潜入主人的园中,大口叫:"有贼!"洞房里的人都钻了出来。曹操趁机溜进去,用匕首把新娘劫持,与袁绍一道又跑了出去。袁绍由于慌张,不小心掉在了荆棘丛里,动弹不得,怎么也出不来。眼见那家人就要追出来了。曹操急中生智,在旁又大叫一声:"贼在这里!"绍吓得屁滚尿流,惶急之下,不知哪里来的力气,一跃而出,才与曹操脱险。

汝南人许劭为曹操相面,说他是"治世之能臣,乱世之奸雄",曹操听了,大笑而去。这个预言,后来果然实现了。

曹操20岁时举孝廉,任洛阳北部尉。任内厉行法治,为了整治城四门的秩序,在城门左右各悬挂十多根五色木棒,违令者不论贵贱,均以木棒惩治。汉灵帝刘宏宠信宦官蹇硕,蹇硕叔父有恃无恐,犯禁夜

鲜为人知的名人故事

行,也被曹操棒杀。曹操于是在洛阳出名,升任顿丘(今河南浚县西)县令。

公元184年黄巾起义爆发后,曹操初为骑都尉,参加镇压颍川波才所部黄巾军,旋以军功迁济南相。时宦官祸乱朝政,贵戚横行肆虐,曹操一再上书,但不合上意。原来为了宦官、外戚的祸乱,拒绝做东郡太守,说因病闲居乡里。

公元189年,曹操出任典军校尉,与大将军何进、中军校尉袁绍密谋诛杀宦官,其事败露,何进被宦官张让、段硅杀害,并州牧董卓乘机率兵进驻京师洛阳,总揽朝政。董卓为人残暴,杀人无度,贪得无厌,纵兵抢劫,又图谋篡逆,朝野上下无不切齿痛恨。这年12月,曹操首倡讨伐董卓,与袁绍等起兵进击洛阳。次年兵败后率本部脱离袁绍,自后转战于濮阳、武阳、顿丘、睦固等地。公元192年,夺取兖州,打败青州黄巾军,俘军30万,从中选拔精锐,编为"青州兵",开始形成一股较为有力的割据势力。196年,曹操将汉献帝迎到许昌,在政治上取得主动,使强大的袁绍及其他割据势力都处于被动地位。同年,设置田官,招募流民到许昌屯田,恢复农业生产,所据兖、豫两州各郡都屯田积谷。曹操又竭力招揽人才,三次发布"唯才是举"的命令,强调只要有"治国用兵之术"者,无论门第高低,均可重用。

为削平北方诸侯割据,曹操远交近攻,先消灭了势力较弱的吕布、张绣、袁术,最后再对付实力强大的袁绍。公元200年,双方在白马大战,袁绍兵败,损失大将颜良、文丑。袁绍大怒,调动10万大军向只有一二万人的曹操进攻,两军对垒于官渡。曹操夜袭鸟巢,火烧军粮而置袁绍于死地,袁绍手下的将军跟着又降曹操,顿时袁军大乱。袁绍全军崩溃,仅带着800人逃回了河北。官渡之战是中国历史上以弱胜强的著名战役,曹操以自己杰出的军事指挥才能,打败了劲敌,为统一北方扫除了障碍。

公元205年,曹操消灭了袁绍的全部势力,夺得了青、幽、冀、并四州,基本统一了中国北方,为后来的西晋统一全国打下了基础。

此后,曹操连年用兵,于公元205年全歼袁绍,得其冀、青、幽、并四州。至公元208年,黄河流域基本被曹操统一。这年秋季,曹操率十多万大军南征,先取荆州,迫荆州牧刘表(8月病死)之子刘琮归附。旋与孙权、刘备联军隔长江对峙。后因北军远道奔袭,不服水土,不习水战,疾疫流行,在赤壁被孙刘联军击败,仓皇逃回北方。赤壁之战从根本上打破了曹操统一中国的意图。战后孙权在江东的地位更为巩固,刘备也取得了荆州的大部分地方,后又取得益州,形成了曹、孙、刘三足鼎立的局面。曹操因刘备、孙权的压力,曾于公元210年发布文告《让县自明本志令》,以极恳切之语,称其没有"不逊之志"(灭汉称帝之心)。但又于公元213年和公元216年使部属推尊他为魏公和魏王,在邺(今河北临漳)建立都城,设置百官,使重要汉宫转做魏官。

他于公元196年制定的"奉天子以令不臣,修耕植以畜军资"的方针,使他始终握有政治上的主动权、比较稳定的战争基地和持久的战力,为北方各大小割据者所望尘莫及。按照这个方针,他重视恢复与发展农业生产,废除两汉租赋制度(东汉后期,三十税一竟减百分税一,等于免地主的田租),改为每亩纳田租四升,每户出绢二匹,绵两斤,无额外租赋。严禁豪强兼并,并禁止豪强逼迫下户贫弱代出租赋。特别是口赋钱、算赋钱的废除,减少了商贾压榨农民的机会,有益于农桑的发展。又推行屯田制,招募无地或无畜力的农民,由各级典农官统筹耕种官田,既在一定程度上缓解了贫农和流民的饥饿状况,又开辟了一定的军用粮源。曹操为保障农业生产,首选,在行军作战时严禁损坏农田,并身体力行,曾因所乘之马踏入麦田而割发置地。其次,是注意招揽和使用人才,三次发布"唯才是举"的命令,变通东汉的举孝廉制,录用"不仁不孝而有治国用兵之术"的微贱人做官,甚至择婿也以才学为重,将女嫁给一目失明但才华出众的寒士丁仪。

曹操不仅具有杰出的军事才能,通晓兵法,著有《孙子略解》《兵书接要》等书，而且他的诗继承汉乐府民歌反映现实的优良传统，《蒿里行》《观沧海》等篇抒发自己的政治抱负，并反映汉末人民的苦难生活，气魄雄伟，慷慨悲凉。曹操的诗歌气韵沉雄，质朴苍凉，是真男子，大手笔。曹操那种有感而发，歌以咏志的现实主义文学思想，对建安文学产生了深远的影响。

曹操还是一位具有无神论倾向的思想家。在《孙子注》一书中，他肯定"天"是自然现象，是没有意志的。他公开表明"不信天命主事"，强调事在人为。他说："天地间，人为贵。"曹操否定鬼神迷信。当他任海里南相时，看到当地宣扬迷信，敬神驱鬼盛行，劳民伤财，他捣毁祠庙 600 多座，并下令不准去祠庙祭祀。曹操对世俗迷信活动，也严加禁止。当时太原等地为奉祀春秋时代的"贤人"介子推，在冬至后 105 天不生火，吃冷食。他认为这有害人的健康，便下令废除。

公元 220 年正月，曹操病重，密令亲信设置 72 座假坟，以防葬后真坟被盗，又令后宫姬妾勤习女工，以卖鞋自给。同月死于洛阳。二月葬于邺地高陵（今河北临漳县一带）。

曹操死后由夫人卞氏所生的曹丕继位汉相。公元 220 年 10 月，曹丕代汉称帝后，追尊曹操为武帝。

# 李世民

**档案** 唐太宗李世民（599—649 年），唐朝第二位皇帝，高祖李渊之次子。陇西成纪人，祖籍赵郡隆庆，政治家、军事家、书法家、诗人。开创了历史上的"贞观之治"，为后来全盛的开元盛世奠定了重要的基础，将中国传统农业社会推向鼎盛时期。

人生最重要的是要树立一个宏大的目标，并努力去实现它。

唐太宗李世民是唐朝最有作为的君王。他在位期间，吸取隋朝灭亡的教训，能任贤纳谏，减轻人民负担，重视维护民族团结，发展西域交通，促进了社会经济的繁荣发展，在历史上被誉为"贞观之治"。

李世民的父亲李渊是唐朝的开国皇帝。李家是陇西人，有鲜卑人的血统。公元599年，李世民出生在武功郡（今陕西武功）。李世民是李渊的次子，他的长兄叫李建成，还有李元吉、李玄霸等几个弟弟。

李世民少年聪颖，胸怀大志。不断的读书求学使他逐渐具备了不凡的气概和胆略。

隋炀帝十一年（公元615年），李渊被皇帝任命为太原留守。当时天灾（连年饥荒）和人祸（炀帝暴政）交加，天下动荡，许多地方将领和豪杰纷纷起兵反叛。一时间黄河南北，江淮之间，隋军和反隋人马激烈厮杀，白骨遍野，玉石俱焚。别人都在为争夺江山而玩命，李渊也有心起兵响应，只是还犹豫不决。这时，年仅18岁的李世民毅然向父亲进言，详细分析了天下大势，坚定了李渊起兵的决心。

公元617年5月，李渊正式在太原起兵。此时隋政府已经土崩瓦解，李渊令李建成指挥左路三军，李世民指挥右路三军，直捣首都长安。因关中空虚，11月份就攻下长安。第二年，李渊自立新朝，国号为唐，是为唐高祖。

当时天下大乱，群雄并起，称王称帝的很多，鹿死谁手一时还很难预料。年轻的李世民领兵出征，开始了统一之战。

李世民执行了"先西后东"的战略方针，5年内打了三大战役。

第一个大战役平定了陇右军阀薛举,巩固了唐朝的关中根据地。第二个大战役平定了刘武周,肃清了山西,为唐朝统治由西向东发展奠定了基础。第三个大战役是决定唐王朝命运的关键一战——平定王世充、窦建德。李世民在此战中表现出了卓越的军事才能,围点打援,以少胜多,经过一年的奋战,俘获了王世充、窦建德,唐军扫平了河南、山东,基本上控制了河北。这几地豪杰众多,民风剽悍,其士卒战斗力极强,唐军夺得中原,尤其是占领重要的山东、河北,统一全国已经没有大的障碍。

经过7年不停的征战,李世民终于率领唐军完成了统一天下的大业。

公元621年,李世民带着盖世无双的战功,凯旋而归,回到长安。他的声誉、威望超过了太子李建成,引起了李建成的妒恨。为了保住太子的地位,李建成和弟弟李元吉联合起来,一同对付李世民。而李世民既然名气"奄有四海",也并不掩饰自己想当皇帝的欲望。两大集团之间终于发生了殊死决斗。

公元626年6月,李世民在长安玄武门设下伏兵,一举诛灭了李建成集团。当年,李渊退位,李世民黄袍加身,是为唐太宗。

李世民之所以能够平定天下,战胜政治对手太子集团而登上帝位,除了他本人卓越超群的智慧和才能之外,更在于他能够识别和使用人才。

李世民用人以德才为标准,不分新人旧人和亲疏贵贱,只要有德有才,都根据他们的实际,安置到能够充分发挥他们才能的位置上。李世民又是一个善于纳谏的君主,能随时用隋亡的教训来提醒自己。他对大臣们说,如果君主做事不对,就要勇于进言促使改正。

李世民还打破当时传统的门阀观念,继承隋朝的科举制度并进一步固定下来,使出身寒微而有才华的人能有机会被选拔出来报效国家。

由于李世民选贤任能，不拘一格，所以在他的周围集聚了大批德才出众的人物。

李世民从18岁开始到27岁登上帝位，一直是在戎马倥偬的战场上度过的。为了唐王朝的江山永固，他登上帝位之后，不但自己手不释卷地读书学习，而且要求臣下和各级官吏也要认真读书，讨论研究治国的学问。

李世民即位后，大力推行均田制，奖励农业生产，减轻赋税和徭役，为当时的社会生产的恢复和经济的发展奠定了基础。

李世民对贪官污吏十分痛恨，他以严厉惩办和不懈教育相结合的手段来整肃吏治，取得了很好的效果。李世民重视建立健全法律制度，并特别强调谨慎而行。在贞观时期，执法机关能够严格依法办事，冤案很少。

李世民锐意开拓，攻破东突厥，平定高昌，打击了西突厥，解除了数十年的边患，继汉武帝之后再次打通了西域交通，促进了东西方间的文化交流。他还采取了与各少数民族上层人士通婚的和亲政策，使各民族能和睦相处，奠定了中华大家庭的雏形。

公元649年，李世民在长安病逝。

# 武则天

**档案** 武则天（624—705年），汉族。中国历史上唯一的女皇帝，自立为武周皇帝（690—705年），改国号"唐"为"周"，定都洛阳，并号其为"神都"，史称"武周"。705年退位。武则天也是一位女诗人。

**名言** 身不修则德不立,德不立而能化成于家者盖寡矣,何况于天下乎?

公元 624 年,即唐高祖武德七年的正月二十三,武则天出生在都城长安。他的父亲虽然在唐朝是贵族,但祖先并不显要。武则天的祖籍是现在的山西文水,即当时的并州文水。父亲在隋炀帝时期因为做木材生意,顺应了隋炀帝大兴土木的形势,结果发家致富,并在做生意的过程中和权贵们有了交往,得到了一个下级军职。到了公元 617 年,唐高祖李渊起兵,武则天的父亲以军需官的身份跟随效劳,最后攻克长安后,论功拜为光禄大夫,封太原郡公,列入 14 名开国功臣行列,从此成为唐朝新权贵。

公元 620 年,武则天父亲的原夫人病逝,唐高祖便做媒介绍娶了隋朝显贵杨达的女儿,一位当时已经 40 的老姑娘,后来为他生了 3 个女儿,第二个便是武则天。入宫之前,武则天的生活并不如意。他的少女时期随做官的父亲在四川生活,后来,父亲去世,同父异母兄长对她们母女很刻薄,因此武则天在长安和姐妹、母亲有过一段很艰难的生活。

到了公元 636 年,即唐太宗贞观十年,太宗的皇后长孙氏病逝,第二年,太宗听说武则天美貌出众,于是将她召进宫中做了才人,这是级别很低的嫔妃,这时的武则天只有 14 岁。不过在封建社会,这个年龄的女子基本上都要出嫁了。

武则天进宫后,唐太宗对她非常宠爱。当时西域进贡了一匹宝马名叫"狮子骢",能够日行千里,但性烈难驯,多少年轻力壮的骑士,都被弄得灰头土脸甚至伤筋断骨,就连过了半生军旅生涯,爱马若狂且骑术精湛的唐太宗也被掀翻下来，无可奈何地望着这宝马不住叹息。不料武则天上前请命说："只要给我三样东西，就能降服这匹马。也就是一支皮鞭、一柄铁锤、一把锋利的刀子。先用皮鞭打得它皮开肉绽，死去活来。还不听话，就用铁锤敲它脑袋，使它痛彻心扉。如果还不能制服它的暴烈性情，就干脆用刀子割断它的喉咙算了。"唐太宗是从乱世中杀出来的英雄，见多识广，但还没有见过如此敢作敢为的女人，如此心肠坚硬，甚至可以说狠毒的女人，唐太宗不由得对这个当时年纪还小的女人起了戒心。

武则天的机会来自于太宗的儿子李治，即后来的高宗。在太宗在世的时候，武则天便和李治产生了感情。贞观二十二年，即公元649年，唐太宗去世。按照惯例，没有生育过的嫔妃们要出家做尼姑，生育过的则要打入冷宫，为死去的皇帝守寡，他们都是皇帝的"东西"，即使皇帝死了，其他任何人也不能动。

武则天到感业寺出家后，并没有安心念佛，而是处心积虑地想出来。到了第二年，太宗的忌日，高宗李治到感业寺里来进香，武则天紧紧把握住了这次机会。她使高宗又回忆起了先前的恋情，武则天的美貌加上旧情，促使高宗不再顾忌佛教规和礼教的约束，将武则天带回了皇宫。

武氏能再次入宫，得力于王皇后，所以刚开始时对王皇后卑躬屈膝，极力奉承。她知道王皇后与萧淑妃有矛盾，便联合王皇后，夺去高宗对萧氏的宠爱。当萧氏失宠后，武氏认为自己要当六宫之主，就必须把王皇后打下去。654年，武昭仪（武氏之封号）产下一女，深得高宗喜爱。有一天，王皇后闲得无聊，到昭仪宫中逗小公主玩了一会，然后离去。武氏在王皇后来时故意避开，等到王皇后离去，狠心将小公主掐死，嫁祸于王皇后。655年，王氏被诬以杀死小公主的罪名，被废去后位，高宗改立武氏为皇后。武皇后此后又生了三子一女：李贤（章怀太子）、李显（中宗）、李旦（睿宗）和太平公主。足见其专宠之地位。

弘道元年（683）高宗去世，中宗李显即位，武则天把持了朝政大权，嗣圣元年（684）二月，武则天废中宗为庐陵王，立睿宗李旦为帝，继续临朝称制。武则天于天授元年（690）称帝，国号周，将废帝李旦立为皇嗣，改东都洛阳为神都。

武则天在夺取政权的过程中大肆清除异己，打击政敌，并滥杀一些被她怀疑的大臣。唐初的元老重臣如长孙无忌、褚遂良、于志宁、裴炎及程务挺等人，少数被贬逐，多数遭诛杀；李氏皇室及宗室诸王等相继被杀戮殆尽。武则天重用索元礼、周兴及来俊臣等酷吏，虽然消灭了一些政敌，但也滥杀了好多无辜，到武周政权正式建立以后，政治斗争趋向缓和，此风才有所收敛。武则天为抬高武氏一族及；李义府等人的社会地位，抑制旧门阀士族及李唐皇族，改《贞观氏族志》为《姓氏录》，把武家列入第一等，并规定凡五品以上官员皆入于谱。为了培植自己的政治力量，扩大其政权的社会基础，她举行殿试，创武举、自举、试官等制，员外置官，破格用人。这样做虽然选拔了一批才能之士，但也不免使官员倍增，显得多余和无用。

高宗在位时，武则天曾上书建言12事，其中有劝农桑、薄赋敛、息干戈、禁淫巧、省力役等进步的主张，高宗皆略施行之。在武则天执政的半个世纪中，由于隋末农民起义的作用及唐太宗贞观之治奠定的基础，也由于武则天沉重打击了旧士族和大贵族、大官僚集团，执行了一些具有进步性的政策，所以社会经济呈现出发展的趋势，使得社会经济在"贞观之治"的基础上继续发展，为后来的"开元盛世"奠定了坚实而雄厚的基础。她执政长达半个世纪，后病死，终年82岁，葬于乾陵（高宗陵附近）。

武则天死后，她的谥号变过几次，但儿孙们的尊敬态度没有变。睿宗第二次即位后，改称为"天后"，后来又先后改为"大圣天后"，尊为"天后皇帝"，改为"圣后"。唐玄宗即位后，改为"则天皇后"，比较客观。到了749年，最后把武则天的谥号定为"则天顺圣皇后"。

# 成吉思汗

**档案** 成吉思汗（1162—1227 年），又称元太祖，字儿只斤氏，名铁木真，蒙古族。世界历史上最伟大和杰出的政治家、军事家。1206 年，被推举为蒙古帝国的大汗，统一蒙古各部。

**名言** 你的心胸有多宽广，你的战马就能驰骋多远。

一代天骄成吉思汗有一个苦难的童年，他父亲也速该本是蒙古尼伦部（主要包括泰赤乌部和乞颜部）共同的首领，被塔塔儿人毒死后，尼伦部的泰赤乌人掌握了大权，泰赤乌人迁营抛弃了铁木真母子一家，连乞颜部的贵族、百姓甚至铁木真家的奴仆，都离开了他们，没给他们留下一只牲畜。那时铁木真才 8 岁。

失去了畜群，也就失去了游牧人赖以生存的基础。但铁木真的母亲并没有泄气，带着儿女们奔波于鄂嫩河上下两岸，采野果，挖野菜，竟奇迹般地活了下来。铁木真目睹了家庭的苦难，心智早熟。他没有像其他孩子那样过着五彩般的童年生活，而是主动承担了家务，带领弟弟们到河里钓鱼，在草原上弯弓射雕，为母亲减轻了很多负担。

泰赤乌部首领担心铁木真长大后报仇，带人去捕捉他。为了躲避捕捉，铁木真逃进山林，后来忍受不住饥饿，下山寻找食物，被俘虏了。铁木真被套上木枷，到处示众。黑夜时，铁木真用木枷打倒看守。机敏地逃走了。几经周折，终于回到家中，后来，泰赤乌部的贼人偷走了铁木真家的马匹，铁木真不顾日落天黑，上马追击敌人，一直追踪 6

天,终于追上了贼人,夺回了失马。

就这样,铁木真在苦难中不断成长,变得更加坚强,也更加睿智了。而这种坚强和睿智,使他在后来震撼了整个世界。

铁木真 18 岁时同另一部落的美丽姑娘孛尔帖成亲。两人相亲相爱,共度患难,感情很深。但不久,蔑尔乞人抢走了孛尔帖。铁木真发誓要夺回爱妻,便联合了王罕和札木合在 1180 年的一个夜里,联军突袭蔑儿乞部,打败了蔑儿乞人,夺回了孛儿帖,同时也壮大了自己的力量。

1192 年,27 岁的铁木真被部众拥戴为大汗,这引起嫉妒心很强的盟友札木合的反目,并以兵戎相向。札木合纠集了 13 部 30 万兵力出击,铁木真也以 3 万兵力分 13 翼迎战。蒙古史上这个著名的"13 翼之战"虽以铁木真的失败告终,但由于札木合生性残暴,残酷地杀戮战俘,反而引起许多部属的不满,甚至倒戈投奔铁木真,因此在实性力上铁木真反而更强大了。

1196 年,铁木真家族的夙敌塔塔儿部反抗金朝,兵败逃窜,铁木真和克烈部应金朝大军统领完颜襄丞相之约,合力阻击塔塔儿部,捕杀其首领,虏获大批人畜财物。大功告成后,完颜襄授予铁木真以"札兀惕忽里"(意为百夫长,或指招讨使)的称号。铁木真既复了仇,又提高了威望。从此,铁木真的部属成为蒙古草原上一支强大力量。随后,他与父亲的生前好友、另一部落首领图格勒结一。历经多年部落战争之后,铁木真终于找到了登上人生的顶峰之路。

蒙古人素以骑马和勇猛善战闻名,历史上,他们突袭中国北部的事件时有发生。但在铁木真崛起之前,各部落把主要精力放在部落间的倾轧上。铁木真凭借其超群的军事、外交、组织才能,以及其冷酷的性格,成功地把各处部落置于自己的领导之下。

1206 年召开的蒙古族将领会议上,铁木真被推为"成吉思汗",意为"全天下之皇帝"。

成吉思汗统一蒙古各部，在中国历史上起了促进作用。他攻金灭夏，为元朝的建立奠定了基础。军事上，他在战略上重视联系远近各方，力避树敌过多；用兵注重详探敌情、分割包围、远程奇袭、佯退诱敌、运动中歼敌等战法，史称"深沉有大略，用兵如神"。同时，他作战具有野蛮残酷的特点，大规模屠杀居民，毁灭城镇田舍，破坏性很大。由于13世纪主要封建国家社会危机深重，这为成吉思汗实行大规模军事扩张提供了有利条件。他一生征战40多年，统一蒙古各部，随后又攻灭西辽，覆亡西夏，鏖战中原，三败金朝，西攻花剌子模等国，威慑欧亚，先后征服40多个部落和国家。

　　成吉思汗一生金戈铁马，横扫欧亚，他的军事指挥艺术和谋略思想，不仅在蒙古史上是绝无仅有的，就是在世界战争史上也是罕见的。

　　成吉思汗将草原上落后、分裂的蒙古族融为一体，并成功地建立了地跨欧亚两大洲的大帝国，重开了"丝绸之路"，推进了东西方以及阿拉伯各国之间的经济文化交流。他的巨大贡献令世人瞩目。

# 朱元璋

档案　朱元璋（1328—1398年），字国瑞，原名朱重八，后取名朱兴宗，后改现名元璋。汉族，濠州钟离（今安徽省凤阳县）人。元末农民起义军首领，著名军事家、政治家。

名言　至哉天下乐，终日在书案。

朱元璋出生在一个世代以农为业的贫雇农家庭，父亲朱五四养有四子一女。自元顺帝即位以来，几乎连年凶荒，社会一片混乱，人民大量破产，朱家家境越来越坏，朝不保夕，最小的朱元璋被雇去当了一名牧童。

朱重八生得十分怪异：鼻大、眉粗、眼圆，脑门骨向前突凸一大块，下巴比平常人长出一寸多，加上天生黑脸膛，令人看了就怕。他父亲朱五四一生逃荒逃疫逃迫害，他哪能过上好日子，一等到能走路会说话有点人样子，便开始替富户人家放牛放羊了。这个放牛娃，身在山坡深谷、白云绿阴、牛鸣羊咻乌啁啾的环境里，竟然混成一个鬼精灵，馊主意特别多，他的许多玩伴也跟他学得乖巧，以致后来都随他成了明朝的开国元勋。朱重八最爱玩的游戏是做皇帝，和他一般大小甚至大他好几岁的孩子们，也习惯听他指挥。

有一年秋天，朱重八刚把牛赶到南山，早在那里等着他的孩子们便把他围住了，七嘴八舌，叽叽喳喳，这个要捉迷藏玩，那个要去偷豆子来烧着吃，争来争去，谁也不让谁。朱重八这才一本正经地轻声说道："玩这些都没有味道，我们玩做皇帝。"孩子们一听都乐了，一起跳起来，连忙去找石头，搬土块，不一会儿，垒起一个皇帝的"宝座"来。只见那土堆子三四尺高，尖尖地堆上去，最上面是一块大石头，又尖又滑。朱重八见垒好了"宝座"，又说："我们轮着来坐，坐上去的便是皇帝，大家一起给皇帝磕头。"轮流做"皇帝"开始了，朱重八叫大家先去做。一个孩子坐上堆顶那块又尖又滑的大石头，其他孩子便排成队给坐上去的孩子磕头。可是，十几个孩子没有一个能受得起别人磕头的，不是刚上去就跌下来，就是坐在上面东倒西歪，没接受两个头就坐不住了。最后轮到了朱重八。只见他找来了一些胡须草，编织在一起，挂在嘴上，权当胡须；又拾了一块破水车板子顶在头上，算是皇帝的平天冠；然后，迈着大步子，一晃一摇地走上"宝座"，一屁股坐在那块又尖又滑的石头上，坐得稳稳当当，就好像坐在太师椅上一样。孩子们见了,都想:别看这时坐得稳当,一拜你就坐不住了。便排成一长溜,毕恭毕敬地向朱重八磕头。孩子们轮流一连磕了三个头,高呼:"皇上万岁"磕完了,抬头看看朱重八,只见他稳稳地坐在那石头上一动不动,挺着胸脯,神气极了。一拜他没倒,大家又一起跪下,拜第二次,嘴里高呼:"皇上万岁"磕完了头站起一看,朱重八同样一丝不动,手捋着"胡子",笑嘻嘻的,这时那些孩子都吃惊地睁大眼睛看着朱重八,又拜第三次。朱重八还是那样,不但稳当当地坐着没动,就连他头上的那块破水车板也没有掉下来。三次拜完了,一个小孩不服气地走上前,想把朱重八推下去。朱重八眼尖嘴快,右手朝左手上一拍,说道:"大胆!带下去,杖打五十大棍。"这一说,孩子们都笑了。有两个孩子真的过去抓住那个小孩的膀子,把他架到一边,另一千小孩一口气跑到一块高粱地里,折了一棵快要成熟的高粱,用那高粱杆轻轻地在那孩子身上打了起来。朱重八看了笑得前俯后仰,其他孩子也都笑得直淌眼泪。笑了一气,朱元璋又假作威严,绷脸朝着那被打的孩子问道:"下次还敢推倒我皇上吗?"那被打了五十"大棍"的孩子也假装生气地说:"什么鸟皇上,我不光要推倒你,还要杀死你呢!"朱重八大喝一声:"斩首"马上便有一个孩子顺手从地上抬起一片高粱叶,当做刀,向那个小孩的脖子抹去。谁知这一抹,大事不好了,只听见那孩子"哎哟"一头便骨碌碌地滚了下来,鲜血直冒,地上、草上、高粱秆子上、叶子上都沾上了鲜血。众孩子们一见,一个个都吓得喊爹叫娘,跌跌爬爬,奔下山去。朱重八坐在那块石头上,正在得意,看到孩子们四处奔跑,定睛一看,被他假作要斩首的那孩子,真的人头落地,不觉也慌了神。他一把扯掉了假胡须,纵身从土堆上猛扑下去,捧住那颗血淋淋的头,眼泪刷刷地掉了下来,不知如何是好。就在这时候,忽见那头上的眼睛眨了几下,嘴张了两下。朱重八灵机一动,连忙跑回原地,把头又放到原来的颈脖上,用手抹了几下。说来也是神奇,经朱重八这一放一抹,那孩子两手一用劲,腿一蹬就站了起来,又和朱重八说话了。但他流下的那些鲜血，还在高粱秆和高粱叶上呐！这当然是朱元璋当了皇帝以后，民间附会的神话，不过少年时代的朱元璋的确玩性很大，玩法很多，他成人后的胆量、见识以及为人处世的原则，都可以从他少年时的故事里找到影子。

还有一个故事，朱元璋小时候替地主放牛。有一天正放牛，忽然肚子很饿，但时候又还早，不敢回家，怕地主骂。一同放牛的汤和、徐达等小孩也说肚子饿了。大家就幻想有面、有肉可以吃就好了。忽然朱元璋大叫一声："有了。"大家忙问是什么，朱元璋笑着说："现成的肉放在面前怎么不吃呢？"说完，他牵过一条小牛，大家这才明白过来。于是，有的去杀牛割肉，有的去捡柴生火，边烤边吃，个个兴高采烈。不一会儿，太阳下山了，小牛也吃来只剩皮骨和尾巴了。大家这时才开始着急，不知如何向地主交代。朱元璋一拍胸膛说大家不要着急，我一个人认了。而且他还想出了一个好主意，把牛的皮骨都埋了，用土把血迹盖住，再把牛尾巴插在山上的石缝里，就说小牛钻进山洞里面去了，怎么拉也拉不出来了。

当晚，朱元璋挨了地主的一顿毒打，被赶回了家，而且再也不要他放牛了。但从此，朱元璋因自己的敢作敢为赢得了伙伴们的信任，大家都心甘情愿地把他当做自己的头目。

元顺帝至正十一年（1351），红巾军农民起义爆发。次年朱元璋投奔起义军郭子兴部。他因为智勇过人，很快成为郭子兴心腹，并娶其养女马氏为妻。后继郭子兴而成为义军首领，在家乡一带逐步扩充队伍，随后克滁州、援六合、下和州，势力渐增。至正十五年，他依托小明王韩林儿，率军断缆渡江，取采石（今安徽马鞍山西南）、下太平（今安徽当涂），并于次年攻占集庆（今江苏南京），改名应天。此后，朱元璋以应天为根据地，相继攻取常州、江阴、常熟、徽州（今安徽歙县）、扬州等地；并接受徽州老儒朱升高筑墙，广积粮，缓称王的建议，在应天屯田，兴修水利，恢复农业生产。朱元璋消灭东南的孤立元军后，即开始与元末各割据势力展开较量。二十三年他与陈友谅决战于鄱阳湖，友谅败死。二十四年，自立为吴王，建置百官。二十七年俘张士诚。二十六年底，他又派人迎接小明王到滁州，在路途中把小明王沉于江中，农民起义军政权灭亡。于是朱元璋改明年为吴元年（1367）。此后，他在南征浙东方国珍、福建陈友谅的同时，派出大军北伐中原，发布告北方官民的文告。文告提出驱逐胡虏，恢复中华，立纲陈纪，救济斯民的纲领，对北方人民反抗民族压迫颇具号召力。在南征北伐的顺利进军中，朱元璋于吴二年正月在应天称帝，国号大明，建元洪武。七月，徐达率领的北伐军逼近大都，元顺帝携后妃、太子仓皇逃上都，统治中国98 年的元代灭亡。此后，统一战役仍在继续，同年，汤和率领的南征军灭方国珍、陈友谅，福建、两广尽入版图。洪武四年（1371），四川平定。四年平云南。至二十年，山西、陕西以及东北平定，全国统一。

朱元璋削平群雄，统一南北的同时，吸取历史的经验教训，着手稳固新建王朝的统治，制定一系列的政策和制度，使专制主义中央集权进一步强化和发展。朱元璋制定的一系列政策和制度影响深远，具有一定的进步作用，并奠定了明朝 200 多年的统治基础。但他将中央集权君主专制发展到空前程度，以及由此对社会经济产生的阻碍作用，也反映出中国封建社会转入后期的历史特色。洪武三十一年（1398）闰五月朱元璋驾崩，葬于南京孝陵。

## 康熙帝

档案　康熙帝（1654—1722 年），清朝第四位皇帝、清定都北京后第二位皇帝。年号康熙，是一位英明的君主、伟大的政治家。

**名言** 以德服人者中心悦而诚服也。

康熙的生母不受顺治帝宠爱,因而幼年的康熙也备受父皇冷落。顺治曾借口三皇子即康熙未出痘,令他与保姆别居于紫禁城西的一座府第。幼年时,康熙接受了近乎苛刻的教育。他5岁即入书房读书。每天黎明,天空还闪烁着几颗寒星,幼小的康熙就戴上特制的红绒绣顶的小冠,穿上小袍小靴,从乾清门八宫。因年龄太小,跨不过门槛,还要太监抱进门内。他读书非常勤奋,哪怕有一个字不明白,也要寻根问底,弄懂为止。尽管如此,"望孙成龙"的祖母仍不满意,让玄烨承受超出身体能承受的学习负担,致使他身体一度虚弱,必须针灸治疗。后来他最怕针灸,每闻艾味即感头痛。

康熙8岁时,父亲顺治皇帝因天花去世。临终时遗命康熙即位。他之所以能当上皇帝,一个重要的原因就是他已出过天花,不至于再因这种可怕的疾病而早死可是在他脸上却留下了不太显眼的痘痕。玄烨10岁的时候,有一次,某大帅得到一只罕见的黄鹦鹉,就用黄金做笼,进贡绘皇帝。哪个小孩不喜欢小动物呢,大帅满以为会得到小皇帝的欢心。活蹦跳的鹦鹉确实讨人喜欢,尤其是它伶牙俐齿,时不时冒一句"皇上吉祥"之类的俏皮话,更惹得大家哈哈大笑小皇帝也颇有些心动。但他记起祖母的告诫,不要玩物丧志,皇帝必须严格要求自己,才能得到臣民的拥戴玄烨的脸色转得严肃起来,严令将鹦鹉退回,并重重地训斥了这位大帅一顿。

因康熙年纪太小,顺治去世前托付四位大臣辅佐朝政。其中一个辅政大臣鳌拜,不把小皇帝放在眼里,不仅遇事不同他商量,自己独自决定,还敢擅自改动皇帝的诏书。甚至有一次为了一件小事当面和康熙争吵,鳌拜不仅大权在握,还极力扶持党羽,有谋反之心。康熙亲政后,两人的矛盾愈来愈深。为了制止鳌拜继续专权,康熙帝暗下决心要除掉这个祸患。他以演习摔跤为名,在宫中训练了一批身强力壮的少年。1669 年 5 月的一天,他问这些少年:"你们怕我还是怕鳌拜,"众人都说"只怕皇上"。康熙当众宣布鳌拜的罪过,众少年群情沸腾,要捉拿鳌拜。于是康熙以下棋为名召鳌拜进殿。当鳌拜大摇大摆地走进来时,众少年扑上前去将鳌拜打翻在地,捆绑起来。康熙以迅雷不及掩耳之势铲除了鳌拜及其余党,将权力集中到自己手中,从此开始了他波澜壮阔的政治生涯。

康熙帝在朝廷内部实现了大权统一,但是当时南方有手握重兵的吴三桂、尚可喜、耿精忠三藩;郑成功的儿子郑经控制着台湾不归顺;在西北有剽悍难服的准噶尔部。这些都是对清王朝统治的极大威胁,也是妨碍祖国统一的障碍。对三藩,朝廷内部意见不一:康熙坚决主张撤藩,结果三藩起兵反抗清朝。这时有人主张杀掉主张撤藩的大臣以平息三藩之兵。年仅 20 岁的康熙坚决反对,他说:"如果有错误,我一个人承担。"康熙制定了重点打击吴三桂,争取其他叛军中立、归降的政策。在八年的战争中。康熙帝表现出了卓越的指挥才能,终于平定了叛乱。

准噶尔部位于巴尔喀什湖以东,天山以北和伊犁河流域,是一个强大的蒙古族政权。首领噶尔丹是一个野心勃勃,掠夺成性的人。他表面臣服清朝,却步步南逼,挑起事端,极大地威胁了清朝的安全。1690 年,康熙御驾亲征,与噶尔丹叛军在乌兰布通交战,一举击溃噶尔丹的军队。之后,噶尔丹又卷土重来。康熙帝第二次亲征,在昭莫多大战中,几乎全歼敌军。噶尔丹仅带少数人逃走。1697 年,康熙帝第三次亲征。此时的噶尔丹残部仅有五六百人,在清军的重重包围之下,纷纷投降,噶尔丹走投无路,在众叛亲离中死去。

康熙在位期间,还进行了两次收复祖国领土的雅克萨之战,痛击了疯狂东扩的沙皇俄国,迫使俄国签订了《尼布楚条约》,从法律上肯定了外兴安岭以南,黑龙江以东到库页岛在内的广大地区是中国的领土,捍卫了中国主权与领土的完整,康熙还开展了一项史无前例的伟大工程,即绘制全国地图《皇舆全览图》。这次测绘采用了比较先进的大地测量术和经纬度绘图的方法,到 1716 年,除新疆的少数地方外,对大多数省区进行了测绘。它是中国历史上第一部完全实测,比较精确的地图集,也是世界地理测量史上的伟大成果之一。

康熙酷爱读书学习,处理政务之余,唯有读书写字而已,终日手不释卷。

康熙目光远大,对西方的自然科学有着极大的兴趣。他重视数学,向传教士南怀仁学习几何。他学过欧几里得的《几何原本》和巴蒂斯的《实用理论几何学》的满文译本。他曾将自己学到的数理知识用于治水实践中。康熙还向全国推广了种牛痘法,在天花肆虐时期,挽救了很多人的生命。

康熙帝还六下江南,为解决饥荒和水患亲赴民间考察。为了农业需要,康熙下令每天记录气象,并作为一种制度保留下来。故宫内还保存了大批清代的《晴雨录》,是研究气象的宝贵史料,为气象研究做出了重要的贡献。康熙还主持编辑了《康熙字典》和《全唐诗》,在文化上也作出了贡献。

1722 年,68 岁的康熙帝病逝于北京颐和园。康熙在位期间,清代社会政治安定,经济繁荣,为历史上著名的"康乾盛世"打下了坚实基础。康熙帝一生文治武功赫赫,不愧为"大帝"称号。

# 孙中山

档案　孙中山（1866—1925 年），原名孙文，字载之，号日新、逸仙，谱名德明，幼名帝象，近代民主革命家、中国国民党总理、第一任"中华民国"临时大总统、亦为中华民国国父，中国国民党创始人，三民主义的倡导者。

名言　奋斗这一件事是自人类以来生生不息的。

**孙**中山诞生于 1866 年 11 月 12 日，广东香山（今中山市）翠亨村人，出生于农民家庭，他是家中的次子。青少年时代受到广东人民斗争传统的影响，向往太平天国的革命事业。孙中山家除有父、母和祖母外，还有哥哥、姐姐和妹妹，他排行老三。家境从辈起就非常贫寒。他祖父是个没有土地的佃耕农，父亲 16 岁时便只身到澳门谋生，后来返回翠亨村成家，靠租种田地度日。像中国农村许多贫苦人家的孩子一样，孙中山从 6 岁起便跟姐姐上山打柴草，年纪稍长，又开始干牧牛、除草、插秧、挑水等各种农活。有时还随外祖父驾船出海取蚝。他没有鞋穿，常赤脚走路，很少吃米饭，主食是番薯。

童年时代的艰苦生活，使孙中山对农民的悲惨境遇感触很深，也使他萌发了自由、平等、博爱的思想。身为贫困农民家的孩子的孙中山后来说："我所以要坚决进行革命的原因，是为了不愿意中国农村永远这样穷苦，我愿意中国的儿童都有鞋穿，有饭吃。"他也一直没忘记自己是个"农家子"，直到 1922 年，他还坦率地对外国友人说："我是苦力的儿子,我自己也是苦力,是和穷人的孩子一起长大的。"因为家贫,交不起学费,孙中山到 10 岁时,才进私塾读书,除练习写字以外,便是机械地背诵"三字经"、"千字文"及"四书""五经"之类的书。

他更喜欢的是夏日坐在大榕树下,听参加过太平天国运动的农民冯爽观讲他追随天王洪秀全南征北战的故事。有一次,他很遗憾地说:"洪天王灭了清朝就好了!"冯爽观摸着孙中山的小脑袋,高兴地说:"你真是'洪秀全第二'啊!"这以后,孙中山真的以此自居起来,稍一有空,就跑去看三合会会员练武,回家便舞枪弄棒,操练武艺,在他幼小的心里埋下了革命的种子。这时候的孙中山已隐隐地觉察到当时的中国社会有许多不合理之处。县里的官差到村上,不是催粮,就是逼税,还抓人、派差,孙中山看到这些胡作非为的事,气愤地说:"这些官兵就是强盗。"姐姐因为缠足痛得直流泪,他看了十分不忍,便对母亲说:"为什么姐姐的脚好好的,却要用布把它包扎起来呢?你看姐姐痛得这么厉害,不缠可以吗?"听到母亲否定的回答后,他愤愤地说:"女子把双足缠成这样,实在是毫无道理的。"一些富户家的奴婢,吃的是残汤剩饭,穿的是破衣烂袄,还常受主人打骂。孙中山认为这是违背常理的。从这些事上,他开始产生了对现行社会制度的怀疑和不满,也渐渐认识到了封建制度的没落和腐朽。

12 岁那一年,因为父亲病故,他随母赴檀香山投靠哥哥,当了一名店员,同时还在教会学校学习。在那里他接触了西方文化,五年以后,他因为失学而回到了国内,接着他进入香港雅丽医院西医书院学医。学医期间,他和陈少白、尤列、杨鹤龄等经常议论时政,抨击清政府,在当地颇有声名。

毕业后,他先后在澳门、广州从医,他的医术和医德受到人们称赞。出于对清政府的痛恨和对穷苦百姓的关心,他决定弃医"治国"。但国内活动太过危险,于是他由上海赴檀香山,在他哥哥孙眉和华侨支持下,于 11 月 24 日在当地创立了叫做"兴中会"的革命组织。1895

年 10 月准备发动广州起义,因泄密失败,流亡日本。后又从日本到美国,再到英国,宣传革命,筹集资金发展会员,1896 年 10 月,他不幸在伦敦被清使馆诱捕,被捕期间,他受尽毒打,但幸而在西方政府的干涉下得以脱险,之后,他在大英博物馆潜心研究西方政治、经济理论,逐渐形成三民主义思想理论,联合各革命团体成立"中国同盟会"。

与此同时孙中山筹集经费购买武器,回国起义,10 年之间他先后领导革命党人连续举行八次武装起义。这些起义虽都失败了,但沉重地打击了清朝腐朽统治。1911 年,武昌起义终于使得清政府彻底垮台了。1912 年 1 月 1 日,中华民国临时政府成立,他就任临时大总统。

然而,革命成功后却被阴谋家袁世凯篡权,为了弥补这个错误,孙中山发动"二次革命",组建中华革命党,发表讨袁檄文,终于将野心勃勃的袁世凯赶下了皇帝的宝座。

1922 年,孙中山毅然接受共产国际和中国共产党的帮助,决心改组国民党。1924 年 1 月,他在广州召开中国国民党第一次全国代表大会,通过宣言,实行"联俄、联共、扶助农工"三大政策,重新解释三民主义,实现了伟大的转变,促进了中国革命的新发展。

1924 年 10 月,奉系军阀的张作霖和直系将领冯玉祥联合推翻曹锟为总统的直系军阀政权。冯玉祥、段祺瑞、张作霖先后电邀孙中山北上共商国事。孙中山接受邀请,并提出废除不平等条约、召开国民会议作为解决时局的办法。11 月,离广州北上,先抵上海,再绕道日本赴天津。12 月底,扶病到达北京。1925 年 3 月 12 日,因患肝癌在北京逝世。

1929 年遗体由北京移葬南京紫金山。孙中山是中国伟大的民主革命先行者,为了改造中国耗尽毕生的精力,在历史建立了不可磨灭的功勋,在政治上也为后继者留下珍贵遗产。

# 军事将领

中国的历史曲折漫长，在这漫长的过程中发生过无数个大大小小的战争，在战争中涌现出无数个军事奇才。他们在战斗中斗智斗勇，为当时社会和我们的民族作出了巨大的贡献。不管信念是什么，他们都为历史的发展献智献勇过。从他们的故事中，我们会领悟到他们的智慧所在。

# 孙武

档案 孙武(约前535—前479年),字长卿,后人尊称其为孙子、孙武子、兵圣、百世兵家之师、东方兵学的鼻祖。汉族,春秋时齐国乐安(今山东广饶人。)其著有巨作《孙子兵法》十三篇。

名言 以近待远,以逸待劳,以饱待饥。

孙武出生于齐国乐安(今山东惠民),孙武出生的当天晚上,同在朝中为官的孙武的祖父孙书和父亲孙凭都赶回家中。全家上下自主人到仆人都沉浸在无比喜悦的氛围之中。孙书望着襁褓中的孙儿,真希望他快快长大,继承和发扬将门武业,报效国家。孙书决定给孙儿取名为"武",孙凭完全赞同。武的字形由"止戈"两字组成,能止戈才是武。古兵书上说"武有七德",即武力可以用来禁止强暴,消灭战争,保持强大,巩固功业,安定百姓,协和大众和丰富财物。孙书还给孙儿取了个字,叫"长卿"。"卿"在当时为朝中的大官,与大夫同列。孙书为齐大夫,孙凭为齐卿。他们希望孙儿将来也能像他们一样,在朝中为官,成为国家栋梁。

事情果真像他们所希望的那样,随着孙武的长大,逐渐显现出对军事的爱好和特有的天赋。也许是自幼受到将门家庭的熏陶,孙武自幼聪慧睿智,机敏过人,勤奋好学,善于思考,富有创见,而且特别尚武。每当孙书、孙凭自朝中回到家里,孙武总缠着他们,让他们给他讲故事。他特别喜欢听打仗的故事,而且百听不厌。时间一长,在一旁

鲜为人知的名人故事

57

侍候孙武的奴仆、家丁也都学会了。于是，当祖父和父亲不在家时，孙武就缠着他们给他讲。

除了听故事，孙武还有一个最大的爱好就是看书，尤其是兵书。孙家是一个祖祖辈辈都精通军事的贵族世家，家中收藏的兵书非常多。《黄帝兵书》《太公兵法》《风后渥奇经》《易经卜兵》《军志》《军政》《军礼》《令典》《周书》《老子兵录》《尚书兵纪》《管子兵法》及上自黄帝、夏、商、周，下到春秋早、中期有关战争的许多竹简，塞满了阁楼。孙武就喜欢爬上阁楼，把写满字的竹简拿下来翻看。有不明白的问题就请教家聘的老师，甚至直接找祖父、父亲问个明白。

有一次，孙武读到"国之大事，在祀与戎"，他就跑去问老师："先生，祀是什么？戎是什么？"老师想今天孙武问的问题倒是简单，于是随口说："祀是祭祀，戎是兵戎。"孙武接着问："祭祀是种精神的寄托，怎么能和兵戎相提并论为国家的大事呢？"老师顿觉奇异，一时答不出来。孙武接着说："只有兵，才是国家的大事，君臣不可不察的大事。"

孙武长到8岁，被送进"庠序"（政府办的正规学校）接受系统的基础知识教育。当时，"五教"、"六学"是"庠序"的主修课程。"五教"是指五种伦理道德的教育，即父义、母慈、兄友、弟恭、子孝。"六学"是指六种基本科目的学习，即礼、乐、射、御、书、数。少年孙武天资聪明，对那些艰涩繁杂的"五教"以及规定的文化基础课，看三两遍就能熟记于心。往往其他同学还在埋头苦读，他早已记熟，跑到外面玩去了。有一次，老师以为他贪玩，把他叫回去准备责罚一顿。责罚是要有理由的，老师就把刚刚学过的一段课文向他提问，孙武对答如流。老师找不出责罚的理由，只好作罢。久而久之，老师感觉这孩子有不同常人的天赋，将来必成大器。于是教育孙武也就更加用心了。

在所有的课程中，孙武最感兴趣的是"六学"中的"射"和"御"。在"射"、"御"的第一节课上，老师先给学生讲解了"射"、"御"的基本内容及学习"射"、"御"的意义。"射"和"御"既是战场拼杀的基本技能,也是齐国社会竞技活动的主要项目。在齐国,每年的九月,都要举办一次全民"射"、"御"逐赛,是国家选将取才的重要形式,也是有志之士展现自我,步入仕途的绝佳良机。

接下来,老师还重点讲解了齐国自古就有的"尚武"之风。约在夏商之际,或更早一些,齐地的夷人就以善射而闻名遐迩。夷人的"夷"字就是"大"(像正面伸臂的人形)的身上挎着"弓"组成的象形字。神话传说中,东夷的英雄是羿。他用弓箭驯服了十个太阳,同时射瞎了黄河(河伯)的眼睛。他还射死封豕长蛇,并在青丘(古钜淀湖一带)把猛禽"大风"射死,为民除害。人们尊称他为"后羿"。殷商时期,齐地的英雄蜚廉"以才力事殷纣"(《史记·秦本记》),一生非战即斗,最后战死在海边上(蜚廉家在今广饶县城东)。后来,姜子牙辅佐周文王灭商,被封于齐,建立齐国,尚武风俗得以承袭,并发扬光大。这其中主要有两个原因:一是太公受封之日曾得到周王室赋予的征伐特权,可以代表周王室征讨其他国家,齐国推崇尚武习俗便成为必然。据史记载,齐国曾多次对莱、杞、奄、阳、谭等小国用兵。二是齐地有发展畜牧业尤其是养马的优越地理环境,养马业在诸侯国中捷足先登,这就为军事装备的发展提供了可能。自齐桓公时起,齐国就是各诸侯国中马匹最多的国家。桓公时,一次赠予卫国良马就达300匹。孙武家所处的青丘地区,就是齐国的养马基地。

由于受尚武精神的影响,齐国从国君到士兵,莫不以勇武为荣。"射"和"御",是齐人首练的武技,主要用于长距离的攻击,是军事活动的重要手段。齐人向来以"射"术和"御"术的高低为荣辱,这已成为一种社会风尚。要想出仕入相,为国家重用,首先必须练好这两门科目。

在接下来的学习和训练中,孙武对"射"和"御"投入了比其他学生多数倍的努力。孙武刻苦练习,甚至到了废寝忘食的地步。很快,孙武就成了掌握这两项技能的同辈贵族少年中的佼佼者。

孙武没有满足,没有就此止步,依旧是冬练三九,夏练三伏。此时,孙武心中朦朦胧胧有一个理想,那就是长大后要像他的祖父孙书、叔父田穰苴一样,成为一名驰骋疆场的大将军。

孙武出生于士卿大夫的家庭,这使得他能广泛接触到各种文化典籍。这些宝贵的知识为孙武日后的著书立说、运筹帷幄创造了有利的条件。除此之外,军事世家的环境使孙武从小就对领兵打仗耳濡目染,不知不觉中培养了他对军事的兴趣。后来,由于士卿大夫之间互相倾轧、明争暗斗使齐国的形势极其复杂险恶,孙武一方面为避免纠缠其间成为无谓的牺牲品;另一方面,更为了使自幼因名师指教、苦学而得的才华得以施展,他决定投奔吴国,以成就自己的鸿鹄之志。

进入吴国后,孙武没有像大多数避难的贵族公子那样急于求见君王,以谋得微不足道的一官半职。他知道,欲为人杰者,必有非常之能,自己的军事才能虽已小有所成,但尚未形成一套理论系统。当时吴、楚两国之间的争霸战如箭在弦,一触即发,只有军事奇才,方可主导战争的胜局。孙武于是以退为进,躬耕隐居,一边著书立说,一边静观时变。名传天下的《孙子兵法》就是在此时写就的。《孙子兵法》共6000余字,共13篇,分别是:计篇、作战篇、谋攻篇、军形篇、兵势篇、虚实篇、军争篇、九变篇、行军篇、地形篇、九地篇、火攻篇、用间篇。全书总结了战争的丰富经验和一般规律,提出了有关战争的战略战术原则。

孙武认为战争是关系军民生死、国家存亡的大事,因此发动战争应该谨慎。他极力反对穷兵黩武的用兵之道,如果非打不可,就需要一定的物质力量、有利的天时地形、严明的管理和训练、正确的军事指挥等。对待战争应有备无患,常备不懈。他认为决定战争胜败的关键是政治而非军事,统治者应采取顺应民心的政策、措施,使百姓安居乐业,与君主同心同德,生死与共,从而保证国内政治局势的稳定。孙武重视将帅的素质,认为具备"智、信、仁、勇、严"五个条件的人才能作将帅。在治军思想上,孙武提倡文武兼施,赏罚并用。在作战原则上,主张先发制人,主动出击,出奇制胜,因敌制胜。

孙武特别推崇"不战而屈人之兵",认为最好的策略是以政治谋略将战争化解于无形之中,其次是用外交手段分化瓦解敌人,最后在迫不得已的情况下才用武力解决问题。他提出了"知己知彼,百战不殆"的作战指导思想,这也是他军事思想的精华。

大约公元前512年,孙武结识了楚国的流亡臣子伍子胥。一个是弃客,一个是亡臣,相似的命运以及政治见解的接近使两人交往甚密,建立了深厚的友谊。伍子胥帮助吴王阖闾取得王位以后,经过一番改革,国力逐渐强大起来。为了扩大自己的势力范围,吴王阖闾想征伐楚国。但楚国是南方的大国,疆域辽阔,人口众多,曾经建立过霸业。要想赢得战争的胜利,必须有知兵善战的将领不可。在吴王急需人才的时候,伍子胥及时引荐了孙武给吴王。吴王读了孙武献上的《孙子兵法》,说:"你的兵法13篇,我全都看过了。可以先小规模地演示一番吗?"孙武说:"可以。"吴王说:"可以用女子来试试吗?"孙武说:"可以。"

于是,吴王挑选了180名宫女交给孙武操练。这些宫女浓妆艳抹,叽叽喳喳。孙武宣布了军法,又指定吴王的两名宠姬为队长。谁知这些宫女从未见过这些场面,只觉有趣,哪知号令。孙武再三申告无效,大怒,将两名宠姬军法从事。吴王见状大惊,派人求情。孙武不为所动,坚持将两人推出斩了。这下子宫女们才知军令如山,个个严肃紧张,听令而行,不多时便操练得像模像样,有点军队的味道了。

吴王见识了孙武的手段,心中的气也就散了,决定拜孙武为将,统帅三军。在孙武的训导下,吴军很快成为一支纪律严明、训练有素的劲旅。

公元前508年,孙武率吴军与楚军对抗,在破楚征程中,孙武大展兵家智谋,灭徐、钟吾二小国,铲除楚国的羽翼;讨伐越国,除去吴国的后顾之忧；以"疲除误楚"的策略方针扭转时局，完成了双方优劣之势的转换。在给楚国致命一击的时机成熟后，孙武率三万之师，联合唐、蔡等三国进行大胆的战略奇袭，从而揭开了商周以来规模最大、战场最广、战线最长的柏举之战的帷幕。

在这场大战中，孙武采用"出其不意，攻其不备"和"以迂为直"的作战思想，先千里诱敌，以达疲敌之目的；继而当机立断，在柏举进行战略决战；最后进行尾随追击，一举攻克楚都——郢。这一战役不但给楚国以沉重的打击，改变了春秋晚期的战略格局，为吴国进而争霸中原奠定了基础，而且造就了绝代兵圣——孙武这一兵学长空中的"恒星"，使之得以天下扬名。

公元前479年，孙武病逝，葬在江苏吴县东门外。

## 吴起

档案　吴起（约前440—前381年）战国初期著名的政治改革家，卓越的军事家、统帅、军事改革家。汉族，卫国左氏（今山东省定陶，一说曹县东北）人。后世把他和孙武连称"孙吴"，著有《吴子》，《吴子》与《孙子》又合称《孙吴兵法》。

名言　用兵必须审敌虚实而趋其危。

吴起喜好用兵，一心想成就大名。《史记·孙子吴起列传》与

《儒林列传》记吴起在鲁"尝学于曾子",至魏又拜子夏为师。孔门再传弟子中,出现这样一位与"武圣"孙子齐名的大军事家,由此对研究孔子及早期儒家学者对军事的态度和素养很有说明和参考作用。周威烈王十四年(前412年),齐国进攻鲁国,鲁国国君想用吴起为将,但因为吴起的妻子是齐国人,对他有所怀疑。吴起由于渴望当将领成就功名,就毅然杀了自己的妻子,表示不倾向齐国,史称杀妻求将。鲁君终于任命他为将军,率领军队与齐国作战。吴起治军严于己而宽于人,与士卒同甘共苦,因而军士皆能效死从命。吴起率鲁军到达前线,没有立即同齐军开仗,表示愿与齐军谈判,先向对方"示之以弱",以老弱之卒驻守中军,给对方造成一种"弱"、"怯"的假象,用以麻痹齐军将士,骄其志,懈其备,然后出其不意地以精壮之军突然向齐军发起猛攻。齐军仓促应战,一触即溃,伤亡过半,鲁军大获全胜。

吴起的得势引起鲁国群臣的非议,一时流言四起。鲁国有些人在鲁王面前中伤吴起说:"吴起是个残暴无情的人。他小时候,家资十全,他想当官,从事游说活动没有成功,以致家庭破产。乡邻都耻笑他,吴起就杀了30多个诽谤他的人。逃出卫国而东去。他和母亲告别时,咬着臂膀发誓说:'不为卿相,不复入卫'。此后他就在曾参门下学习。过了不久,他母亲去世,他竟然没有回家。曾参为此很鄙视他的为人,和他断绝了关系。吴起这才跑到各国,学习兵法侍奉鲁君。鲁君对他有怀疑,他就杀了自己的妻子以争取做将军。鲁国是个小国,一旦有了战胜的名声,就会引起各国都来图谋鲁国了。而且鲁国和卫是兄弟国家,鲁君用吴起,就是抛弃了卫国。"鲁君因而疑虑,就辞退了吴起。

吴起离开鲁国后,听说魏文侯很贤明,想去凭本事游说他。文侯问大臣李悝说:"吴起为人如何?"李悝说:"吴起贪荣名而好色,但是,他用兵司马穰苴也不能超过他。"这样魏文侯就任命他为将军,率军攻打秦国,攻克五座城邑。

鲜为人知的名人故事

　　魏文侯因吴起善于用兵,廉洁而公平,能得到士卒的拥护,就任命他为西河(今陕西合阳一代)的守将,抗拒秦国和韩国。周威烈王十七年公元前409,攻取秦河西地区的临晋(今陕西大荔东)、元里(今澄城南),并增修此二城。次年,攻秦至郑(今华县),筑洛阴(今大荔南)、合阳(今合阳东南),尽占秦之河西地(今黄河与北洛河南段间地),置西河郡,任西河郡守。这一时期他"曾与诸侯大战七十六,全胜六十四","辟土四面,拓地千里"。特别是周安王十三年(公元前389年)的阴晋之战,吴起以5万魏军,击败了十倍于己的秦军,成为中国战争史上以少胜多的著名战役,也使魏国成为战国初期的强大的诸侯国。

　　吴起做将军时,和最下层的士卒同衣同食。睡觉时不铺席子,行军时不骑马坐车,亲自背干粮,和士卒共担劳苦。士卒中有人生疮,吴起就用嘴为他吸脓。这个士卒的母亲知道这事后大哭起来。别人说:"你儿子是个士卒,而将军亲自为他吸取疮上的脓,你为什么还要哭呢,"母亲说:"不是这样。往年吴公为他父亲吸过疮上的脓,他父亲作战时就一往无前地拼命,所以就战死了。现在吴公又为我儿子吸疮上的脓,我不知他又将死到那里了,所以我哭。"

　　魏文侯死后,吴起继续效力于他儿子魏武侯。武侯曾与吴起一起乘船顺西河而下,船到中流,武侯说:"美哉乎山河之固,此魏国之宝也!"吴起对他说:"国家最宝贵的是君主的德行,而不在于地形的险要。从前三苗氏左边有洞庭湖(今湖南洞庭湖),右边有彭蠡湖(今江西鄱阳湖),但不讲求德义,大禹把它消灭了。夏桀所处的地方,左边有黄河和济水,右边有泰华山,伊阙(又名龙门山,在今河南洛阳南)在南,羊肠(在今山西晋阳西北)在北,施政不讲仁爱,商汤将他流放了。殷纣王的国家东面有孟门(古隘道名,在今河南辉县西),西面有太行山,常山(即恒山,在今山西浑源县东)在北面,黄河在南面流过,地势也无比险要,但施政不讲道德,周武王把他杀了。由此看来,治理国家在于君主的德行,而不在于地形的险要。如果君主不讲德行,就是一条船中的人也都会成为敌国的人。"武侯说："你说得很对。"吴起治军主张兵不在多而在"治"，曾严格考选步兵，创建有战斗力的常备军"武卒"。

　　吴起任西河的守将，威信很高。魏国选相，很多人都看好吴起，可是最后却任命田文（魏贵戚重臣）为相。吴起很不高兴，他向田文说："请你和我比一比功劳可以吗？"田文说："可以。"吴起说："统领三军，使士卒乐于为国牺牲，敌国不敢图谋进攻我们，你比我怎样？"田文说："我不如你。"吴起说："管理各级官员，亲附人民，使财力充裕，你比我怎样？"田文说："我不如你。"吴起说："镇守西河地区，使秦军不敢向东扩张，韩国和赵国都遵从我们，你比我怎样？"田文说："我不如你。"吴起说："这三方面，你都不如我，而你的职位都比我高，这是为什么？"田文说："国君年少，全国忧虑，大臣没有亲附，百姓还不信赖，在这个时候，是由你来任相合适呢？还是由我来任相合适呢？"吴起沉默了很久然后说："应该由你来任相。"田文说："这就是我所以职位比你高的原因。"吴起才知道自己不如田文。

　　田文死后，公叔任相，他妻子是魏国的公主，公叔对吴起非常畏忌，便想害吴起。他有个仆人对他说："吴起很容易除掉。"公叔说："怎么办？"仆人说："吴起为人有节操，廉洁而重视声誉，你可以先向武侯说：'吴起是个贤明的人，我们魏国属于侯一级的小国，又和强秦接壤，据我看，恐怕吴起不想长期留在魏国。'武侯必然要问：'那怎么办呢？'你就乘机向武侯说：'君侯可以把一位公主许配给吴起，他如果故意留在魏国就必定欣然接受，如果不故意留在魏国就必然辞谢。以此就可以探测他的想法了。'然后你再亲自把吴起邀到你的府上，使公主故意发怒而轻谩你。吴起看见公主那样轻贱你，他想到自己也会被轻贱，就会辞而不受。"于是照计行事，吴起果然看见公主轻谩魏相就辞谢了武侯。武侯因而对吴起有所怀疑而不信任他了。吴起害怕武侯降罪，于是离开魏国到楚国去了。

　　楚悼王平素听说吴起很能干，吴起一到楚国就被任为相。他严明法令，撤去不急需的官吏，废除了较疏远的公族，把节省下的钱粮用以供养战士。主要目的是加强军队，破除纵横稗阖的游说。于是南面平定了百越；北面兼并了陈国和蔡国，并击退了韩、赵、魏的扩张；向西征伐了秦国。因此诸侯都害怕楚国的强大。原来楚国的贵族都想谋害吴起。到楚悼王死后，公族责成和大臣叛乱而攻击吴起，吴起跑到楚悼王的尸体旁伏在尸体上，意在以此或者可使作乱者有所顾忌，若作乱者无所顾忌，射我必中王，中王，自然就暴露他们是反叛的罪人。但追杀吴起的楚贵族还是射杀了吴起，箭也射到了悼王的身上。这一年是公元前381年。悼王葬后，太子（楚肃王臧）即位，就派令尹（楚国的最高军政官员）全部杀了因射刺吴起而同时射刺中了悼王尸体的人。由于射刺吴起被诛灭宗族的有70多家。

　　吴起在政治、指导战争诸方面积累了丰富的经验，他把这些经验深化为军事理论。《汉书·艺文志》著录《吴起》48篇，已佚，今本《吴子》六篇（《图国》《料敌》《治兵》《论将》《变化》《励士》），系后人所托。其主要谋略思想是："内修文德，外治武备"。他一方面强调，必须在国家和军队内部实现协调和统一，才能对外用兵，提出国家如有"四不和"，就不能出兵打仗；另一方面强调必须加强国家的军事力量。

　　吴起继承了孙武的"知己知彼，百战不殆"的思想，在《料敌》篇中强调了了解和分析敌情的重要意义，并且具体指出了处于6种情况的国家，不可轻易与其作战。他懂得战争是千变万化的，要根据不同的情况而采取应变的措施。在《应变》篇具体论述了在仓促间遭遇强敌、敌众我寡、敌拒险坚守、敌断我后路、四面受敌及敌突然进犯等情况下的应急战法和胜敌的策略。

　　《治兵》《论将》和《励士》3篇主要阐述了他的治军思想。他认为，军队能否打胜仗，不完全取决于数量上的优势，重要的是依靠军队的质量。质量高的标准是：要有能干的将领，要有经过严格训练的兵士;要有统一的号令;要有严明的赏罚。他重视将帅的作用,尤其是重视将帅的谋略,强调好的将帅应有优良的品质和作风。重视士卒的训练,提高实际作战能力。强调赏功以励士兵。

# 孙膑

档案　（？—前316年）,本名孙伯灵（山东孙氏族谱可查）,汉族,山东甄城人。中国战国时期军事家。孙武后代。与庞涓同学兵法,马陵之战,身居辎车,计杀庞涓,大败魏军。著作有《孙膑兵法》。

名言　攻其不备,出其不意。

孙膑是战国中期的著名军事家,以"围魏救赵"的经典战例名垂千古。

孙膑是山东甄城人,兵圣孙武的后代。幼时父母双亡,叔父孙乔将他抚养成人。或许是家学渊源之故,孙膑对行军布阵极感兴趣。长大后,便拜在齐国隐居的鬼谷子为师,潜心学习兵法。孙膑有个同学叫庞涓,两人一同学习兵法,成为十分要好的朋友。

庞涓是个心浮气躁的人,他跟鬼谷子学兵法3年,自以为学成了,便想出山一试身手。临走前他和孙膑相约,一旦得志成为将军,定要引荐老同学一起享受富贵。

没过多久,孙膑忽然收到了庞涓的来信,信中说,他已成为魏王的将军，请孙膑也出山到魏国，与他一同建功立业。孙膑见庞涓果然不食前言，非常高兴，于是辞别鬼谷子去魏国。

庞涓将孙膑召至魏国，是不得已而为之。有人向魏王推荐了孙膑，庞涓内心嫉妒孙膑的才学，但又不好拒绝魏王的旨意，思索好阴谋后，才修书差人请了孙膑来。

魏王爱慕孙膑的才学，要他当副军师，和庞涓分掌兵权。庞涓怕孙膑分他的兵权，忙说："我与孙膑同窗结义，他是兄长，职位怎能在我之下？不如暂时让他当客卿，等立了功劳之后我把将军位置让给他才是。"于是魏王拜孙膑为客卿。庞涓得知鬼谷子先生将"孙子兵法"秘授给了孙膑，便用种种诡计共骗孙膑将兵法传给他。孙膑为人诚实，很受魏王的欣赏，庞涓便更加恐惧，怕失掉权力，于是摹仿孙膑的字迹写成孙膑私通齐国的书信，使魏王生气而起了杀心。庞涓因没得到"孙子兵法"，忙劝魏王："杀了孙膑，恐怕天下有才能的人会议论您。不如弄残他的双腿，让他终生不能返回齐国。这样，既不担杀贤才的责任，又将他变为废人，不是很好吗？"魏王同意。于是，庞涓派人抓住孙膑，剔去了他双腿的膝盖骨，又假意悲痛，说大王听信谗言定要这样做，他阻止不了。孙膑不知是真，很感激庞涓的活命之恩。

孙膑病腿还没好，就准备凭记忆为庞涓写出"孙子兵法"。庞涓着急得到兵书，再三催促，引起了孙膑的疑心。孙膑于是很诚恳地接待来催书的人，催书的人很感动，就把庞涓的阴谋告诉了孙膑。孙膑十分悲愤，决计脱身后向庞涓报仇。第二天孙膑开始装疯，甚至睡到猪圈里，吃猪粪。庞涓不久就信以为真了。

后来齐国使臣出使魏国，知道孙膑在这里，特地来看。孙膑说明真相，在齐使的帮助下，逃回了齐国。孙膑先投到了齐国将军田忌的门下。当时齐王要和田忌赛马，田忌采用孙膑之计，用下等马对齐王的上等马，用上等马对齐王的中等马，用中等马对齐王的下等马，三局两胜赢了齐王。以前从没输过的齐王很惊奇，问田忌是何原因。田忌趁机将孙膑推荐给了齐王。齐王见孙膑才华横溢,有文韬武略,又谙熟兵法,于是封他为军师。

公元前354年,庞涓率魏军攻打赵国。庞涓当时已成为战国名将,所向无敌,赵国无法抵挡,国都邯郸也被围住,只好派人向齐国求救。齐王于是派田忌为将军,孙膑为军师去救赵。田忌打算直奔邯郸与魏军作战,孙膑不同意,他认为魏国攻赵,其精锐部队必然都到前线去了,国内留守的尽是老弱兵卒。不如引兵直捣魏国都城大梁,占据魏军归来的要道,乘虚而人,庞涓必会撤邯郸之围前来自救。这样,齐军不仅能救赵,而且还能使魏军疲于奔命。齐军则以逸待劳,可获大胜。田忌依照孙膑的计策进军魏国都城。庞涓得知后急忙带兵来援救。孙膑指挥齐军撤退,在桂陵设下埋伏。庞涓对孙膑很恼怒,带兵追来。结果齐军以逸待劳,大败魏军,解了赵国之围。庞涓逃回魏国,老实了几年。

齐魏桂陵之战后,韩国趁火打劫,出兵侵占魏国两座城邑。魏王只得改变战略,和赵国和好,准备腾出手来对付乘人之危的韩国。经过13年的休养生息,魏王与庞涓自以为国力大增,于是决定讨伐韩国。

公元前341年,庞涓亲率大军伐韩,又是采取当年伐赵的战略,直攻韩国都城。韩王急忙向齐国求救。齐王派田忌和孙膑率军救援韩国。孙膑再用当年之计,不奔韩国,而去攻打魏国都城。庞涓又气又怒,回兵来救。孙膑这次将伏击庞涓的地点选在了马陵。但庞涓有了上次的教训,进兵很谨慎。如何保证庞涓率军进入齐军在马陵的伏击圈呢?孙膑前无古人地想出了"减灶法":令齐军在后撤的第一天用土垒10万灶埋锅造饭,第二天则减为5万灶,第三天减为3万灶。庞涓追赶齐军3日,见齐军由10万灶减为3万灶,大喜道:"我早就知道齐军胆小,才不过3天,士卒已经逃亡过半了。"于是他留部将率步兵跟在后面,自己则只率骑兵加快速度向齐军追去。在庞涓看来,孙膑不除,始终是他的克星。如今齐兵逃亡过半,正是一举歼灭齐军、除掉孙膑的绝好机会，因此，庞涓求战心切，不顾一切地贸然进入齐国境内。

孙膑派弓弩手万名埋伏于马陵狭道两旁的山上，并将道旁一棵大树砍去树皮，写上"庞涓死此树下"六个大字，与弓弩手们约定，待树下有火光，即万箭齐发。日暮时，庞涓果然追至马陵道。他见道旁有棵大树被砍去树皮，露出了白色的木质，上面隐约写有字迹，心中疑惑，命人打火照之，见是"庞涓死此树下"几个大字。庞涓尚未读完这几个字，埋伏在两侧的齐军已经万箭齐发，魏军中箭者不计其数，顿时乱成一团。庞涓仓促应战，但为时已晚。魏军多已被乱箭射死，尸体狼籍，齐军正从前后左右包围过来。庞涓知道今日已是万难幸免，走投无路之际，只好拔剑自刎。死前还颇有不甘，叹道："就这么成就了孙膑这小子的名声！"

马陵之战后，孙膑名扬天下，成为各国畏惧的军事家。他功成身退，总结自己的军事经验，留下一部《孙膑兵法》，然后离开齐国，不知所终。

# 项羽

**档案** 项羽（前232—前202年）姓项，名籍，字羽，古代中国著名将领及政治人物，汉族，下相（今江苏省宿迁市宿城区）人。项羽的勇武天下无敌，他是中国数千年来最为勇猛的将领，"霸王"一词，专指项羽。

**名言** 富贵不还乡，如锦衣夜行。

项家祖辈是楚国的大将,因封在项城(今河南省)而姓项。他的祖父项燕率兵在保卫楚国战斗中,被秦将王翦所杀。

项羽少年时对读书、学剑不大感兴趣,项梁很生气。项羽说:"书足以记姓名而已,剑一人敌不足学,愿学万人敌。"于是项梁就教他学兵法。项羽很高兴,但略知一点大意,却又不肯学完它。

后来项梁因为杀人一案,带着项羽避难吴中,遂和吴中的人士结交起来。

公元前210年,秦始皇巡游会稽,项梁和项羽随着人群去观看。项羽说:"彼可取而代之也。"项梁赶紧捂住他的嘴道:"别胡说八道,要灭族的!"项梁因此觉得项羽这个人跟一般人有所不同,有远大的抱负,特别器重他。公元前209年(秦二世元年),以陈胜、吴广为首的农民起义军,打着"张楚"的大旗(张大楚国的意思),矛头直指秦王朝,全国各地纷纷起来响应。这时已是24岁的项羽,和叔父项梁在江南起兵,刘邦在江北也起兵响应。

当时钱塘江上游的桓楚等人也起来造反。为了扩大力量,项梁派项羽到桓楚山寨,联络他们一道反秦。桓楚说:"秦虽无道,但兵力很强,没有盖世之勇,不足与敌,你能敌万人,我们就服从你,院中有一大鼎,千斤重,你能举得起吗?"项羽来到院中,先让桓楚手下四名壮健大汉一齐举鼎,大鼎纹丝未动,项羽撩起衣襟,走近鼎前,握住鼎足,生根似的大鼎被他高高举起,而且三起三落,在场的人都目瞪口呆,惊叹项羽力大无比。于是,桓楚满口答应合兵一处,从羽起义。项羽和项梁的队伍逐渐扩大到8000,号称子弟兵。

陈胜、吴广起兵反秦虽然相继失败,但农民起义的烈火越烧越旺。项羽和项梁迅速带兵渡江北上,沿途不断招纳义军,队伍逐渐扩大到六七万人。到了江苏北部,和秦军相遇,打败了秦军的先头部队,在山东南部驻扎下来,项羽和项梁召集各路将领在薛县开会,商议伐秦大事,刘邦也赶来参加。他们采纳谋士范增的意见,立楚怀王的孙子熊心为楚王。项羽被封为鲁公,刘邦被封为沛公。义军在山东的西南部,打了几次胜仗,项梁骄傲了,遭秦王朝主力章邯部偷袭战死。项羽退到彭城(今徐州)西部驻扎下来。这时章邯率领30万大军攻打赵歇的义军,把赵军的巨鹿城团团围住。赵歇派人多次求救,楚怀王任命宋义为上将,项羽为次将,范增为末将,带领20万大军救赵。行至安阳(今河南安阳市西南),宋义令大军安营扎寨,停步不前,一共呆了46天不发兵,项羽再三催促仍按兵不动。项羽于是杀了宋义,上报怀王,怀王使项羽为上将军。项羽带领全军渡过黄河,他吩咐将士,各人带上三天干粮,把做饭的锅都砸了,把船都凿沉了,营房帐篷都烧了,表示只有前进,绝不后退,决心打败秦军。章邯听到楚军要跟秦军决一死战,把秦军分成九路向项羽扑来。项羽一马当先,全军上下无不奋勇以一当十向前,辗转三回,和秦军激战九次,均获全胜。当时各路诸侯救兵,本来不敢和秦军交战,见项羽军队如此勇猛,个个心服。项羽召见各诸侯将领时,他们都跪着垂首向前,一致表示:"听从上将军指挥。"

稍事休整,项羽率诸侯军30万人西征,紧紧咬住秦将章邯的部队,迫使章邯投降。

公元前206年,项羽率兵挺进至函谷关下。由于在巨鹿之战中项羽消灭了秦军的主力部队,刘邦得以从河南南部、陕西西南顺利地攻占了秦都咸阳。刘邦想占据关中称王,于是派兵守住函谷关,阻止项羽西进。项羽很生气,派当阳君等轻而易举地攻下了函谷关,来到离咸阳很近的鸿门驻下。当时项羽有40万人马,而刘邦只有10万人。项羽在盛怒之下,表示非消灭刘邦不可。不料,这个消息被项羽的叔父项伯泄漏出去。因项伯曾经杀过人,逃到下邳投奔张良,与张良交上朋友。这时候张良跟随刘邦,项伯便连夜骑马到刘邦军营把真相告诉张良,劝他赶快逃走。张良又告诉刘邦,刘邦非常害怕,接连向张良问计。在张良的提示下,刘邦收买项伯,请项伯在项王面前多多美言。

项伯连夜赶回军营,在项羽面前替刘邦说了许多好话,并说:"人家明天还来向你'请罪'呢!"第二天项羽见刘邦真的来了,便设宴款待他。刘邦小心地说:"我进关以后,什么都不敢做主,只把秦国的官员和百姓安抚一下,封了库房,等待你前来接收。"项羽听了便没有话了。可是范增料到刘邦将来必是劲敌,此时不杀刘邦,必有后患。他在一旁急得直做手势,项羽并不理睬。范增急了,把项庄请来舞剑,意在刺杀刘邦。项伯为掩护刘邦也来舞剑,击杀刘邦终不得手。刘邦吓得心惊肉跳,席间乘机说到厕所去,逃跑了。这就是历史上有名的"鸿门宴"。

过了几天,项羽率领诸侯进了咸阳。刘邦小心翼翼地带领项羽到处查看,第一件事,就是对投降的秦王子婴怎么处置。按理说子婴才做了46天皇帝,是没有多大罪过的。但项羽和六国诸侯们均认为子婴代表秦王朝的历代暴君,便把子婴杀掉了。面对秦王朝"五步一楼、十步一阁"绵延300里的阿房宫,项王胸中也燃烧着怒火,一声令下,烧掉了,火三个月不灭。项羽踏平咸阳,认为天下大事定了,于是尊楚怀王为义帝,分封20个侯王。封刘邦为汉王,领有汉中、四川一带。自称西楚霸王,占有黄河流域及长江下游,建都彭城(徐州)。实际上,他在指挥所有诸侯。

对于项羽的分封,不仅刘邦不满意,就是其他诸侯王,有的也嫌封地小。那些没有封王的,更是怀恨在心。因此,刚分封不久,齐国旧贵族田荣便反对项羽自称齐王。项羽领兵前去镇压田荣,刘邦便乘机重新占领了关中。公元前205年4月,刘邦联络诸侯军56万,迅速东进,占领了楚都彭城。项羽得知刘邦带兵来争天下,令手下将领继续在齐地战斗,自己带精兵3万来救彭城。此时彭城已被汉军攻下。项羽到了彭城西面的萧县,遇上汉军。第二天拂晓,他便攻打汉军。他自己骑着乌骓马,带头冲向汉军。汉军大败,项羽从彭城追杀到睢水。此时汉军死伤10万以上,已溃不成军,刘邦自己在十多个骑兵保护下才得逃脱。而他的父亲、妻子却都当了楚军的俘虏。

刘邦逃到河南荥阳，收集各路残兵败将，又从关中调来一批士兵，重整旗鼓。

侯反叛西楚霸王。特别是大谋士范增被离间后，离开了项羽，使霸王失去一个极重要的膀臂。汉王拿少数兵力在荥阳、成皋一带牵制项羽的大军，叫彭越在楚军后面截断补给线，让韩信去夺取北部和东部的许多地方，韩信的军事实力逐渐发展起来。

公元前202年，汉王退到广武（河南省），楚军马上追到了。汉王派遣陆贾等人去游说霸王，要求霸王放回他的父亲和妻子，并提议与霸王平分天下，以鸿沟（一道溪涧）为界。鸿沟以西归汉，鸿沟以东归楚。霸王竟同意了。大将钟离眜、季布等坚决反对，认为这是圈套，劝霸王千万别上当。霸王不听，于是两下交换了议和的文书。霸王就叫人把刘邦的父亲和妻子吕氏放回去，他也带队伍回到彭城。

汉王跟霸王讲和，原来是个缓兵之计，仅仅相隔两个月，汉王就撕毁了鸿沟的协议，调兵遣将准备进攻楚军。汉王先到了固陵，一面派人去催大将韩信、彭越、英布进兵，一面向霸王下战书，霸王气得直瞪眼睛，大骂刘邦反复无常，当时就带着大将钟离眜、季布、樊楚、虞子期等率兵30万，猛烈地向固陵打过去。汉王大败，扔下固陵逃到成皋。楚军追到成皋，把汉军围在那儿。

刘邦被围，急令韩信、彭越救援。可是韩、彭两人久久不发兵，刘邦惆怅不安。张良献计说："重赏之下，必有勇夫。如果你能答应与韩信、彭越平分天下，他们肯定会出兵的。"刘邦于是派使者去告诉韩信、彭越说："合力攻击楚军，楚军垮了，陈县以东到海边给韩信；睢阳以北到谷城给彭越。"他俩听到这话很高兴，都满口答应：立刻出兵。他们率兵一路冲杀下来，都会集到垓下，包围了楚军。霸王的军队在垓下扎下营垒，眼看粮尽。霸王要坚持死守，虞子期和季布劝他不能死守，要打开一个缺口，突围出去。于是霸王就带着一队人马向前冲过去。楚军尽管大批的死伤，可是霸王之勇谁也抵挡不住。他见韩信更不肯放过。韩信只有一边作战一边后退。霸王追赶了好几里地,杀散了沿路的汉兵,可是打退了一批,又来一批,单枪匹马毕竟对付不了韩信的十面埋伏。楚兵死伤快一半,那边汉兵又围上来了,四面八方全是敌人。霸王只好转回垓下大营。吩咐将士小心防守,瞅个机会再出战。夜晚听到四面的汉军都唱起了楚歌,霸王大惊,说:"汉军已经完全征服楚国了吗?要不然汉军里头怎么会有这么多的楚人呢?"于是霸王夜半起身,在军帐中饮酒,面对随征夫人虞姬,作歌一首,慷慨悲愤地唱道:"力拔山兮气盖世,时不利兮骓不逝,骓不逝兮可奈何?虞兮虞兮奈若何?"霸王歌罢,虞姬应和道:"汉兵已略地,四方楚歌声;大王意气尽,贱妾何聊生。"歌罢自刎,以消除霸王的思想负担,鼓舞他突围的斗志。

霸王跨上乌骓马,带着 800 余人,好像受伤的猛虎,连夜冲出重围,向南飞奔而去。天亮汉军才发觉,令骑兵 5000 追赶。霸王渡过淮河,骑马跟从的只有 100 多人了。霸王到阴陵(今安徽定远县西北),迷失了道路,陷进沼泽地带,被汉军追上。

霸王又领兵向东,到了东城,只剩下 28 人了,而追赶的汉军骑兵有几千人。

霸王北到乌江(安徽和县东北岸边),乌江亭长移船靠在岸边等待着,对霸王说:"江东虽小,地方上千里,民众数十万,也足以称王,希望大王赶快渡江。"霸王说:"事到如今,我怎么有脸去见江东父老呢?我知道你是位忠厚长者,我把这匹心爱的乌骓马送给你吧!"于是让将士们下马步行,持短兵器交战。杀死了许多汉兵,霸王身上也受了十多处伤。他回头看见一个叫吕马童的将军,说:"你是我的老朋友了,我听说汉王用赐千金封万户侯来买我的头,我把头送给你做个人情吧!"说罢,自刎而死。死时年方 31 岁。

项羽在反秦斗争中,是指挥起义军摧毁秦军主力的胜利者,而在同刘邦的角逐中失败了。对于项羽短暂悲壮的一生,宋代女词人李清照是这样歌颂的:"生当作人杰,死亦为鬼雄,至今思项羽,不肯过江东。"西汉史学家司马迁充分肯定项羽的功绩,说项羽"起陇亩之中,三年,遂将五诸侯灭秦","位虽不终,近古以来未尝有也。"项羽在战场上英勇异常,"瞋目叱之",敌将"目不敢视,手不敢发",而平时却"见人恭敬慈爱","人若有病,涕泣分食饮"。在司马迁的笔下,项羽是一位既勇猛又豪爽的英雄。他虽然失败了,但他的见义勇为、敢作敢当、光明磊落的品格,成为人们心目中英雄的典范,使人永怀不忘。

# 霍去病

**档案** 霍去病(前140—前117年),河东郡平阳县(今山西临汾西南)人。中国西汉武帝时期名将,汉族,杰出的军事家。汉代名将卫青的外甥,他用兵灵活,注重方略,不拘古法,勇猛果断,每战皆胜,深得武帝信任。元狩六年(公元前117年)病卒,年仅24岁。

**名言** 匈奴未灭,何以为家!

**霍**去病出生于公元前140年,他的母亲是汉武帝姐姐平阳公主家里的奴婢,父亲是河东郡平阳县(今山西临汾)衙役霍仲孺。

霍去病从小在奴婢群中长大,日子过得十分艰苦。但是他勤奋好学,骑马、射箭、击刺等各种武艺样样精通。后来,卫氏家族由于霍去病的姨母卫子夫被册封为皇后而从此平步青云。霍去病也因其性格坚毅、智勇过人而得到了汉武帝的赏识。汉武帝派他做了侍中官，负责保卫皇宫的安全。

公元前 123 年春，匈奴再次侵扰汉朝领土，汉武帝多次组织对匈奴的反击战争，时年 18 岁的霍去病主动向汉武帝请战征讨匈奴。武帝任命他为骠骑校尉，并挑选了 800 名骁勇善战的骑兵由他指挥。

匈奴听到汉军大批人马来进攻，惊恐万分，便连夜往后撤退。卫青派出了四路人。马分头去追击匈奴部队，自己住在大营等候消息。到了晚上，四路人马都回来了，却没有找到匈奴的主力，只有一路人马杀了几百个匈奴士兵。

霍去病率领这 800 骑兵一往无前地向北奔去，不久来到了北方的茫茫草原。有一天黄昏时分，霍去病发现前方不远处有一些亮点，他怀疑是匈奴的营帐，便当即命令部下衔枚而行，要争取在匈奴兵未发现汉军之前杀进他们的营帐。面对着突如其来的汉朝骑兵，匈奴军顿时乱成一团。霍去病身先士卒，率先闯入匈奴营帐。800 个骑兵一个个士气高昂，把匈奴兵杀得四处逃窜。这次战役中，霍去病以 800 骁骑斩杀匈奴兵 2028 人，并杀死匈奴单于的祖父籍若侯产及相国、当户等将官多人，生擒单于的叔父罗姑比，出奇制胜，勇冠三军。汉武帝在听到战况后，对霍去病大加赞赏，并以 2500 户封霍去病为冠军侯。

公元前 121 年春，霍去病被任命为骠骑将军，率领精骑 1 万人，向河西地区进发。在这场战役中，汉军大获全胜，斩杀匈奴楼兰王、卢侯王，活捉厂匈奴浑邪王的儿子及相国、都尉等高官，歼敌 8900 余人，并且缴获了匈奴休屠王的祭天金神像。战后，汉武帝下令增封霍去病食邑 2000 户。前 121 年夏的第二次河西战役中，霍去病孤军深入，以他变幻莫测的战术大败匈奴军。这次战役中，匈奴单桓王、酋涂王及相国、都尉等 2500 人投降，王母、单于阏氏、王子、相国、将军、当户、都尉等 120 多人被俘虏，匈奴兵 30200 人被汉军歼灭。霍去病的声望日益显赫，地位也日益尊贵。

后来霍去病由于受降浑邪王有功,又被加封食邑1700户。从此,匈奴的军事力量大大削弱了,他们不得不退出了汉朝的领域,退到了遥远的沙漠以北地区。从那以后,汉朝西部再也没有了异族的威胁,通往西域的道路完全畅通了。然而,匈奴并未停止对汉朝边境的骚扰。公元前120年秋,1万多匈奴骑兵突然袭击定襄、右北平地区,杀掠汉朝边民1000多人。汉武帝决定再次对匈1奴反击,以平定汉朝边境。

公元前119年,卫青和霍去病各率5万骑兵,分东西两路向漠北进军。霍去病领兵从代郡出发,大胆地起用匈奴降将赵破奴、复陆支、伊即轩等。大军在霍去病的指挥下,横穿沙漠,行军2000多里后与匈奴左贤王相遇。在汉军的猛攻下,左贤王大败而逃。这次战役中,汉军活捉了匈奴屯头王、韩王和凶奴将军、相国、当户、都尉等80余人,共歼敌7万人,匈奴左贤王的军队几乎全军覆没。霍去病乘胜追击,率军追至狼居胥山(今蒙古境内德尔山)。霍去病再一次因功受到封赏,加封食邑5800户,与他的舅舅——大将军卫青一起被拜为大司马。从那以后,匈奴迁到了更加偏远的地方,再也不敢来滋扰汉朝边境了。霍去病在他短暂的戎马生涯中曾四次领兵出塞攻打匈奴,歼敌人数达11万之多。霍去病平时沉默寡言,但在战场上却勇猛无比。在当时,霍去病有军事天才之称。汉武帝常劝他学习孙吴兵法,他却说:"为将须随时运谋,何必定拘古法呢?"在战场上他完全是凭直觉指挥战斗,能够随机应变,他的这种闪电式行动,使他百战百胜,终于成为名扬后世的一代名将。

屡立战功的霍去病虽然获得了高官厚禄,但却从不贪图个人享受,他永远都是把国家利益放在第一位。河西战役结束后,汉武帝特意命人在长安为他建造了一座豪华的宅邸,霍去病却谢绝了汉武帝的好意,慷慨地说出了"匈奴未灭,何以为家"这句传诵千古的名言,这句话也成了他光辉一生的写照。

公元前 117 年,霍去病患重病,不久便离开了人世,结束了他辉煌的戎马生涯。汉武帝将霍去病的坟墓安置在自己的茂陵旁边,并把他的坟墓建成了祁连山的形状,以昭显他为征讨匈奴所作出的贡献,在墓前立了一尊"马踏匈奴"的石像,象征着他为国家立下的不朽功勋。汉武帝还发动了陇西、北等地五郡的匈奴人民,身穿黑甲,将霍去病的灵枢从长安护送到墓地安葬。

霍去病在他短暂的生命中为汉朝边境的安定、汉朝人民生活的稳定和安宁作出了巨大的贡献,他的不朽功勋永远镌刻在中国历史上,彪炳史册。

# 韩信

档案 韩信(前 1230—前 196 年),西汉开国功臣,齐王、楚王、上大将军,后贬为淮阴侯。中国历史上伟大军事家、战略家、战术家、统帅和军事理论家。

名言 施恩不望报者,常常能得到非常之报;而施恩望报者,永远也别想得到。

**韩**信年少时父母双亡,家道贫寒,却刻苦读书,熟演兵法,怀安邦定国之抱负。苦于生计无着,于不得已时,在熟人家里吃口闲饭,有时也到淮水边上钓鱼换钱,屡屡遭到周围人的歧视和冷遇。一次,一群恶少当众羞辱韩信。有一个屠夫对韩信说:你虽然长得又高又大,喜欢带刀配剑,其时你胆子小得很。有本事的话,你敢用剑你的配剑来刺我吗?如果不敢,就从我的裤裆下钻过去。韩信自知形只影单,硬拼肯定吃亏。于是,当着许多围观人的面,从那个屠夫的裤裆下钻了过去。史书上称"胯下之辱"。

公元前209年,陈胜、吴广揭竿而起。韩信配剑从军,投身项梁的西楚军。项梁战死后,继随项羽,但未受项羽重用,只是充当一名执戟卫士。他多次向项羽献策,均不被采纳。于是他愤然逃出楚营,投奔汉王刘邦。刘邦初始也没把他当将才使用,只任命他为治粟都尉。韩信见刘邦不肯重用,决意离汉营而去。丞相萧何素知韩信之才,闻讯即刻骑马月夜苦追,将他劝回,由此留下了"萧何月下追韩信"的美谈。后来,刘邦在萧何的屡次劝说下,亲自与韩信讨论军国大事,确信韩信为稀世之才,遂举行仪式,拜为大将。

汉高祖元年(公元前206年)五月,韩信派人修复刘邦进入汉中时烧毁的栈道,迷惑雍王章邯,自己却率军悄悄沿南郑故道东出陈仓,大败章邯军,一举拿下了关中地区,使刘邦得以还定三秦。

汉高祖二年(公元前205年)二月,韩信引兵出函谷关,将兵锋逼至洛阳,韩王郑昌、殷王司马邛等项羽所属的封国,先后归降。然后便与齐赵联合共谋击楚,4月,大军就已进至楚都彭城。攻势之凌厉,令人赞叹。未想刘邦进入彭城后就把防务丢在一边,遍搜宝货美人。正在与齐军鏖战的项羽听说彭城失守,急率3万精骑星夜赶回,一战将刘邦击败。韩信闻讯即刻赶来收集溃败的部队,和刘邦在洛阳地区会师,又成功地进行了阻击战,在京县、索亭之间把楚军打得大败,使项羽西进的兵锋顿挫。战线最后在荥阳稳定了下来。

刘邦兵败彭城,齐、赵、魏等重又倒戈向楚。8月,刘邦封韩信为左丞相,领兵攻魏。魏王豹陈重兵于黄河东岸的蒲坂,韩信针对魏军部署,将大量船只集中在蒲坂对面的临晋,佯作正面渡河之势,暗用木框架绑扎瓦罐做成临时渡河器才,从上游夏阳渡河奇袭安邑,突然出现在魏军背后,大破魏军,俘获魏王豹。

汉高祖三年(公元前204年)年9月,韩信又引兵东向阏与,活捉代相夏说,收复了代郡。这时,刘邦却命韩信急调其力主至荥阳加强该地守备,故韩信只带了万余部队东下井陉攻赵。赵王歇和赵军统帅成安君陈余集中20万兵力于太行山区的井陉口,占据有利地形,准备与韩信决战。韩信先以2000轻骑,乘夜迂回到赵军大营的侧后方埋伏。天明后亲率主力前出到河边背水列阵,诱使赵军出营攻击。汉军背河而战,无路可退,人人拼死作战。预先伏下的2000轻骑乘机攻入赵军空营,遍插汉军红旗,赵军见状,军心大乱。韩信挥军趁势反击,大破20万赵军,斩杀赵军统帅陈余,生擒赵王歇。接着,韩信用"上兵伐谋"办法降服了燕。

汉高祖四年(公元前203年)十一月,韩信又用重兵急袭的办法攻破了齐都临淄。楚将龙且急领20万人马来援,与败退的齐军会师于高密,然后与汉军隔淮水对峙。韩信秘密派人用1万多个沙袋,乘暗夜在上游把淮水堵住。天明后派部分军队渡过淮水,在侧后攻击楚军,继而佯装溃败。龙且误以为汉军胆怯,率主力渡淮水追击。韩信命部属掘开上游堤坝,将楚军冲成两段,汉军运用半渡而击的办法,把已渡水的楚军全歼,龙且被杀。未渡水的齐楚联军不战自溃。韩信趁势挥军追歼逃敌,俘虏齐王田广,全部平定了齐地。

韩信攻占齐地后,项羽恐慌万分,连忙派人去游说韩信,以三分天下为条件,希望韩信反汉联楚,被韩信所拒绝。韩信的谋士蒯通劝他:"将军难道没有听说过勇略震主者身危,功盖天下者不赏的道理吗?将军如今既有震主的威名,又挟难赏的大功,归楚,楚不信;归汉,汉王震恐。若不自立为王,何处是你的归宿呢?"韩信听了连连摆手道:"请不要再说了,汉王待我十分厚恩,把他的车给我乘,把他的衣给我穿,把他的饭给我吃。古人说过:乘人家的车,要替人分担忧患;穿人家的衣,也应替人分担忧患;吃人家的饭,就应该为人家卖命。我怎么能见利忘义呢?"于是,谢绝了蒯通的建议。可是齐地初定,需立王掌政以安民心。所以韩信已遣使修书请求刘邦立他为假齐王(代理齐王)。当时,刘邦正被项羽困在荥阳,自顾不暇,看罢来书后勃然大怒,本不想应允。后来,听取了张良和陈平的意见后,又说:"大丈夫平定了诸侯就是真王,当假王干什么!"于是,立韩信为齐王,并征调他的部队攻楚。

汉高祖五年(公元前202年)十二月,楚汉两军在垓下(今安徽灵璧南)展开决战。刘邦以韩信为主将,统一指挥各路大军。项羽指挥10万楚军,从正面向汉军阵地猛攻。韩信采用典型的侧翼攻击战法,令汉军中军稍稍后退,避开楚军锐气,而将两翼展开,实行侧击,然后再令中军推进,一下子完成了合围。入夜,韩信令汉军四面唱起楚歌,终使楚军丧失斗志,被汉军一举聚歼于垓下。项羽眼见大势已去,慷慨自刎于乌江边。历时5年的楚汉战争以汉王刘邦夺得天下而告终。

韩信以项羽帐下执戟卫士的低微身份,几年内登坛拜将,屡建奇勋,终至成为左右楚汉战争的一方诸侯。蒯通以"略不世出"来赞誉这位叱咤风云的军事人物。其用兵之道,为后世兵家所推崇。据《汉书·艺文志》记载,他曾著有《韩信兵法》三章,可惜已经失传。韩信的军事才能令刘邦极度不安,故在项羽败亡后,即夺其兵权,徙为楚王,继又黜为淮阴侯,软禁于刘邦身边。一天,刘邦问韩信:"你看我能带多少兵?"韩信答"陛下不过能带十万之军。"刘邦又问:"那么你呢?"韩信怔了一下,突然狂傲的大笑:"我是多多益善啊!"韩信的绝世军功和才华终于招来了杀身之祸,汉高祖十一年(公元前196年),吕后和萧何诱韩信至长乐宫的钟室,以谋反罪名杀之。一代名将,死非其所,实堪哀伤。

# 吕蒙

**档案** 　吕蒙（178—219 年），字子明，汝南富坡（今安徽阜南东南）人，三国时期吴国著名军事家。受孙权之劝，多读史书、兵书，学识英博。因被关羽阴魂索命而死，亡年 43 岁。

**名言** 　士别三日，当刮目相看。

吕蒙早年投奔邓当，后转投孙策，被拜为别部司马之职。吕蒙 23 岁那年，孙策被人刺死，孙权继位。孙权整顿军队，检查由年轻将军率领的兵员不多战斗力不强的队伍，欲将他们加以合并。吕蒙知道这个消息后，就暗中向别人借了许多钱，给士兵制作了整齐的军装。孙权来检查，吕蒙集合部队，只见整齐划一，军容整肃，士气高昂，动作熟练。孙权大喜，不仅没有整编他的部队，反而为其增加了兵员。打那以后，他就率领这支部队，跟孙权东征西讨，参加了征伐黄祖、赤壁之战那样著名的战役以及诸多中小型战役，累建功勋，为孙吴政权立下了汗马功劳。32 岁那年被拜为偏将军，兼浔阳县令。

但是，当时人们总是把粗识几斗文字的吕蒙看做一个有勇无谋的一介武夫。因为吕蒙小时候没有上过学，15 岁当兵以后更没有机会读书。当了将军以后，他有事向上级报告，只能让别人代写。

有一次，孙权对吕蒙说："如今你肩负重任，应当读点书，才能增长才干。"吕蒙说："军务如此繁忙，哪里有时间读书呢！"孙权说："你当我是让你研究经书，去当五经博士吗？我是让你涉猎历史文化知识，以增进学问、开阔眼界。你的军务固然繁忙,还能比我更忙吗? 我从小就读过《诗经》《尚书》《礼记》《左传》《国语》;当政以来又读了'三史'和各家兵书,自觉大有收益。你的天赋不错,如能读点兵书,必有所得,怎能不一试呢!"孙权见吕蒙不住点头,便给他制订了一个读书计划,说:"书籍很多,从何着手呢? 我看你现在最急需的是先读《孙子》《六韬》等几部兵书,还有《左传》《国语》和'三史'。先从这几部书入手,钻研下去,必有所得。"吕蒙遵从了孙权的建议,发愤攻读,终于大有所成。

建安十五年(公元 210 年),周瑜病死,孙权改派鲁肃接替周瑜。鲁肃赴任途中经过吕蒙的驻地浔阳。鲁肃这个人不仅善于谋略,还是一个博古通今、满腹经纶、精于诗文的学者,虽然在军中,仍然手不释卷,颇有儒将风度。他对武夫出身的吕蒙,一向有点瞧不起。这时他抱着这样的成见,不愿去见吕蒙。部下劝他道:"如今吕将军功名日显,应当去会见他。"鲁肃不得已下船前往吕蒙营中,吕蒙盛情款待鲁肃。饮宴正酣,吕蒙询问道:"您被委以重任,镇守西部重镇,与刘备的悍将关羽为邻,不知有何计策以防不测?"鲁肃轻慢答道:"这得看当时的情况,随机应变。"吕蒙严肃地说:"如今孙刘虽然表面上是联盟,实际上随时都想吃掉对方。何况关羽这个人有虎狼之心,怎能不事先作好防备呢?"接着吕蒙向鲁肃分析了曹孙刘三方错综复杂的关系,并且分析了关云长的性格特点,接着,吕蒙向鲁肃提出了防备关羽的五条计策。鲁肃听着听着,原先那一副轻慢的神情消失了,不知不觉地离开座席,挪到吕蒙跟前,侧耳倾听,频频点头。待吕蒙说罢,鲁肃情不自禁地拍着他的肩膀赞叹道:"吕子明,我原以为你只有武功罢了,没想到你的学问和才略已有这么大的长进,再也不是从前的吴下阿蒙了!"吕蒙朗声大笑道:"古人不是说,'士别三日,当刮目相看'吗?"从此,两人结为好友。"吴下阿蒙"后来就成了一句成语,用来比喻一个人的才识浅薄。

后来，吕蒙更是凭借着出色的指挥才能屡立奇功——诱降郝普，夺长沙、桂阳、零陵三郡；计定南郡，夺荆州；智擒关羽父子等。吕蒙由于善用谋略被后世尊为将帅楷模。

# 岳飞

**档案** 岳飞（1103—1142年），字鹏举，河南汤阴人，汉族。南宋中兴四将（岳飞、韩世忠、张俊、刘光世）之一。精忠报国之人，著名军事家、民族英雄、抗金名将。

**名言** 三十功名尘与土，八千里路云和月。

岳飞是我国宋代著名的抗金将领，也是我国历史上一位杰出的民族英雄。

1103年岳飞出生在北宋一个普通农民家庭。他出生时，家乡连年闹饥荒，而且黄河决堤，发起了洪水。幸亏岳母机智，抱着襁褓中的岳飞钻入一口大缸，随波逐流，后被人救起，才算逃过了这一劫。洪水夺去了岳飞父亲的生命，也夺去了岳家的田园，使他们生活更加贫困。岳飞很小就干起了农活，经受劳动的磨炼。贫困的生活并没有减少岳飞强烈的求知欲望。缺钱买灯油，他就白天拾取枯柴，晚上点燃照明，由母亲教他识字。以后自己稍能读书，更加勤奋，经常读书至彻夜不眠。

他特别爱读《孙子兵法》和《左传》，书中的一些故事深深地吸引着岳飞，使他手不释卷，反复探究其中的道理，不知不觉地在他的心中埋下了忠义报国的种子。艰苦生活的磨炼，使岳飞形成了刚毅、朴素的性格，为他以后的政治抱负和军事指挥打下了坚实的基础。

岳飞在汤阴县老家时曾拜同乡周同为师。周同是个著名的武术家，箭法如神，胸襟开阔，对岳飞的成长影响很大。他毫无保留地把自己的看家本领都传给了岳飞，教了他一身过人的本领。周同病逝后，岳飞十分悲痛，为了表达对老师的怀念，他每月初一和十五都要带着酒肉纸钱到周同坟前去祭奠。夏暑冬寒，从未间断。有几次由于没有钱，他就把衣裳典当，换钱买酒肉和纸钱。

1126 年，金兵大举南侵，一度逼近宋都开封。金兵一路烧杀抢掠，给宋朝百姓带来沉重灾难。值此国难当头之际，岳飞决心参军，抗击敌人。临行前，深明大义的岳母颤抖着手紧握钢针，在岳飞宽阔的后背上刺了"精忠报国"四个字，以此支持儿子的爱国行动。背着"精忠报国"，带着母亲的叮咛，岳飞出发了，开始了长达 15 年的抗金生涯。

岳飞投入宋军后，奉命去收编一支流寇，有 380 多人。岳飞选定一个深夜，出其不意只带领 4 名骑兵，直闯流寇营房，轻而易举收编了这支军队，成了岳飞所部的基本骨干。岳飞率领数百骑兵，神出鬼没打击金人，常常以少胜众。一天，岳飞率领 100 骑兵在滑县黄河岸边练习，大队金兵突然从冰冻的黄河对岸飞驰而来。岳飞临危不惧，面对部众说："敌人虽然人数很多，但却不知我军虚实，乘他们喘息未定，打他个措手不及。"说罢，他一马当先冲向敌阵，迎头刺死金人一名军官，敌人大惊。宋军 100 健儿乘势冲杀，把金军打得大败而逃，取得了以少胜多的辉煌战绩，获战马数百匹。岳飞英勇善战，英名渐渐远扬。

1130 年，金将兀术大举渡江攻宋，势如破竹，宋军望风而逃。岳飞进兵常州，与兀术四战皆捷，金兵败走。岳飞紧迫不舍，再度击败敌军于镇江东，又大捷于清水亭，敌人死伤无数。兀术逃奔建康，岳飞在牛头山设下埋伏大败兀术,兀术只好转逃淮西,岳飞收复建康,保全了南宋半壁江山。这时岳飞已拥有4万人的"岳家军",成为威震四方的抗金名将,时年仅27岁。

"岳家军"之所以成为一支铁军,关键在于岳飞善于治军,严于治军,强调纪律,"冻死不拆屋,饿死不掳掠",英勇善战,所向无敌,致使金军一听到"岳家军"就闻风丧胆。1140年宋军大举北伐,岳飞取得拱州、颖昌大捷,进驻郾城,军威大振。在朱仙镇,岳家军与金军展开一场大战。虽然兀术用上了新式武器"拐子马"和"铁浮坨",但终究没有抵挡住岳家军的藤牌刀和大斧,大败而逃。金军主将兀术大哭道:"自我起兵北方以来,从来没有像今天这样失败过!"兀术退守开封不敢出城,金人斗志全无,哀叹:"撼山易,憾岳家军难!"岳飞满怀豪情对将士说:"直捣黄龙府,与诸君痛饮!"

然而,宋高宗和秦桧却把岳飞的胜利作为向金人乞和的资本,一日连发十二道金牌召回岳飞。岳飞迫不得已班师,仰天长叹:"十年的努力,毁于一旦!"这次班师不仅使岳飞"精忠报国"、"收拾旧山河"的理想化为泡影,而且遭到厄运。金人恨透岳飞,勾结秦桧,要挟宋朝以杀害岳飞为议和条件。宋高宗明升暗降,调岳飞为枢密副使解除兵权,接着以"莫须有"罪名杀害岳飞及其子岳云、部将张宪等。1141年12月25日,岳飞被押上临安大理寺的风波亭。临终前,执法官要他在供状上画押,岳飞从容提起笔,写下了8个大字:"天日昭昭,天日昭昭!"随后接过递来的毒酒,大笑数声,一饮而尽,从容就义,年仅39岁。一代爱国名将,人间英杰,就这样陨落了。

岳飞曾写下过一篇著名的《满江红》词。"三十功名尘与土,八千里路云和月","靖康耻,犹未雪。臣子恨,何时灭","壮志饥餐胡虏肉,笑谈渴饮匈奴血",一句句雄壮的词句抒发了岳飞誓要抗金到底,收复故土的信念,以其强烈的爱国主义情怀和澎湃的激情、洗练的文字成为千古绝唱。

鲜为人知的名人故事

# 戚继光

档案 戚继光(1528—1588 年),字元敬,号南塘,晚号孟诸,汉族,山东登州人。明代著名抗倭将领、军事家。世人称其带领的军队为"戚家军"。

名言 **男儿铁石志,总是报国心。**

　　戚继光出生在将门,戚继光少时好读书,通经史大义。并受父亲教育影响,从小喜爱军事,并立志做一个正直的文武全才的军人。当时,中国的沿海常常受到倭寇的侵扰,戚继光十分痛恨倭寇的暴行,16岁时,他曾经写下一首诗:"封侯非我愿,但愿海波平。"意思是说,做官并不是他的愿望,他的愿望是祖国海疆的平静。17 岁那年,他继承父亲的职务,开始了金戈铁马的军事生涯。戚继光一上任,摆在他面前的严峻问题就是倭寇为患。倭寇是指日本内战中的一些残兵败将,以及部分浪人和商人,从 14 世纪元代末年到明代初年,他们经常驾驶海盗船只,在中国沿海一带打家劫舍,杀人放火。到了 15 世纪下半叶,倭寇越来越猖狂,他们与中国沿海一带的土豪奸商相勾结,有的甚至深入内地,攻陷州县,倭寇成了中国东南沿海的一大祸害。

　　嘉靖三十四年(1555 年),江浙倭患极为严重,朝廷升戚继光为参将,由山东调往浙江,镇守宁波、绍兴、台州三府,抵御倭寇的侵略。来到浙江后,戚继光马上检阅当地军队,发现军队中恶习泛滥,认为这样一支军队怎么能打败倭寇,于是出榜招兵,另建一支新军。不久,一支由义乌的农民和矿工组成的 3000 人的军队组建起来,戚继光对这支军队进行了严格训练,并更新了战舰、火器等装备,很快就使这支新军成为日后让倭寇闻风丧胆的"戚家军"。他率领的军队,训练有素,纪律严明,从不取老百姓一针一线,一心一意效忠朝廷,保护百姓,深受老百姓爱戴,人称"戚家军"。

且说有一年,沿海地区有大批倭寇入侵,戚继光为了捍卫民族尊严,保护老百姓的生命财产,带领戚家军驻防福建。驻地濒临大海,周围一带都是山。这里山峦起伏连绵,山上青松翠柏,郁郁苍苍,环境甚好,空气也很清新,所以山上有许多野生动物,尤其是猴子最多。戚家军初来,见此间山清水秀,环境幽雅,山间树丛中群猴窜来窜去的,颇觉活泼可爱。这些小猴也实在有趣得很,它们从不怕生,见了人还挺高兴的,有的"唧唧喳喳"地窜到戚家军队伍中,向他们要吃的;有的则模仿戚家军士兵走路的样子,一摇一摆在地上走;还有的索性到队伍前替大伙"开路"。将士们被它们逗得哈哈大笑。就连平时不苟言笑的戚继光也露出了难得的笑容。戚继光把队伍驻扎在环境优美的隐蔽处。这地方像是一个山谷的底部,四周围重峦叠嶂,底部平坦得像一片平原,占地甚广。戚继光就在这儿练兵。

一天,士兵们正操练,突然来了一大群猴子。它们见到有人在操练,感到非常好奇,唧唧喳喳叫个不停,跳个不停。不一会儿,来了一只老猴,它是这群猴子的头。它一到,群猴便都乖乖地坐了下来,一动也不动。只有一只小猴还不停地蹦蹦跳跳,老猴显然生气了,过去在它头上敲了一下,那小猴只好乖乖坐下不动。于是群猴像看戏似的看操练。就这样一连几天,群猴天天来"观摩",它们倒也难得,来了便坐在那儿一动不动,安安静静的。日子一久,这群猴子竟然也学会了伸腿弯腰的动作。只要戚家军在那边操练,它们就在老猴的带领下在这边"操练"。将士们戏谑地称它们是"猴戚家军"。戚继光见状,心里一动,心想,何不真的组建一支"猴戚家军"呢?或许,打仗时派得上用处呢!于是他

鲜为人知的名人故事

们将这群猴子捉住。起先那老猴甚是倔强，一副誓死不屈的样子，可当戚家军给它果子吃后，它便乖乖地投降了。在戚家军耐心的训练下，不久，这群猴子真的成为一支听令行事的"猴戚家军"了。

一天，这一地区再次遭到了倭寇入侵。戚继光拍拍老猴的头说："现在，你的任务来了。"那老猴好像听懂了戚继光的话，点点头还行了个礼，逗得戚继光哈哈大笑。这天夜里，戚继光将士兵们埋伏在敌营周围。然后让每只猴子手上都拿了一只爆竹，一声令下，群猴扑向了敌营。那群倭寇听见营外"唧唧喳喳"的吵闹声，以为戚家军打来了，于是纷纷操起武器，冲出门来。一出营地，发现一大群猴子在营前的木桩上跳上跳下，戏耍顽皮，煞是有趣。倭寇知道这一带猴子甚多，所以也不以为意，只觉得它们有趣，还以为它们不知从什么地方偷来了些竹筒，在玩耍呢！戚继光见倭寇放松了警惕，知道时候到了，便一声令下。那群猴子听见号令声，顿时收起先前那一副顽皮的样子，在老猴的带领下，俨然一支训练有素的"猴戚家军"，同时将各自操持的爆竹丢了出去。这种爆竹着地就炸。顿时，营地里大火四起，倭寇还没反应过来，便被烧得焦头烂额，四下乱窜。戚继光的大军在听到号令后纷纷杀将出去，与倭寇进行了一场敌弱我强的肉搏战。很快，这群倭寇便被戚家军杀得片甲不留，那些在旁观战的猴子们，开心得大拍其手，为戚家军"呐喊助威"。这场战役很快便结束了。入侵的倭寇也被消灭了，戚家军就要走了，可这群"猴戚家军"却舍不得离开他们，在送行的路上，相互间依依惜别，难舍难分。从那以后，福建的老百姓对这一群帮助过戚家军的"神猴"更加呵护。而与此同时，"猴戚家军"的故事也流传开来。

戚继光在 40 多年的戎马生涯中，"一年三百六十日，多是横戈马上行"，或在东南沿海扫灭倭寇，廓清海疆；或在北方练兵御边，使蓟门安然。堪称一代爱国名将。他智勇兼备，多谋善断，练兵有方。指挥戚家军"飚发电举，屡摧大寇"，甚至还出现过歼敌上千人，而"戚家军"却无一人阵亡的罕例。被誉为我国"古来少有的一位常胜将军"。他不仅战功卓著,而且在军事理论上颇多建树,著有《纪效新书》《练兵实纪》两部兵书,为后世兵家所推崇。

# 郑成功

**档案** 郑成功(1624—1662年),本名森,幼名福松,字明俨,号大木,汉族,福建省南安市石井镇人。明清之际民族英雄,我国历史上著名的军事家、政治家。

**名言** 养心莫善寡欲,至乐无如读书。

**郑**成功是我国历史上著名的民族英雄,他在台湾回归祖国这一问题上,做出了不可磨灭的贡献,永远受到我国人民的尊重与爱戴。

郑成功1624年出生于福建南安,出身富商大贾之家。其父郑芝龙少年随泉州商人贩运于日本与中国之间,因而致富,成为远近闻名的巨商。因长年居于日本,娶日本长崎王之女为妻,这就是郑成功之母。郑成功7岁时从日本回国。

郑成功少年时就饱读诗书,胸有大志。15岁时,考中了秀才,21岁随父亲到南京,进太学读书。其时清军入关,国家危难。年轻的郑成功面临着前途与命运的考验。

1646年7月,清军大举进攻福建,郑成功的父亲郑芝龙派人与清军联系,并写信给清军统帅,准备降清。在大是大非面前,郑成功以国家为重,不惜与父亲决裂。他多次苦劝父亲抗清,但郑芝龙满怀升官的欲望,带兵投敌。临行前写信约郑成功同行。郑成功忍受着最后和父亲决裂的痛苦,悲愤激昂地回信说:"从来父教子忠,没听说过父教子作二臣的。现在父亲既不听儿子的忠谏,决意投降,事已至此,将来倘有不测,做儿子的只有一身孝服报仇而已。"郑芝龙见信,恼怒道:"小子如此狂悖。"

果然不出郑成功所料,郑芝龙降清后,清军洗劫了郑芝龙的驻地安平镇,郑家遭受空前浩劫,郑成功的母亲自杀而死。郑成功听到这个消息,悲愤万分,放声痛哭,火速从金门赶回来安葬母亲。国家的危亡,父亲的投降,慈母的惨死,所有这一切像一把把利剑刺向年轻的郑成功的心。复仇的火焰更加激励他胸怀已久的爱国豪情。他摘掉头上的儒生方巾,脱下身上的儒衫,将方巾和儒衫放火烧掉,然后换上铠甲,佩上宝剑,年仅23岁的郑成功,就这样义无反顾地走上武装抗清的道路。

1646年,郑成功乘船来到广东南澳,开始招兵买马,很快招募数千人。到第二年,郑成功率众来到鼓浪屿继续扩编。这样,一支力量可观的抗清武装很快在厦门组建起来了。郑成功以金门和厦门为根据地,多次统,率军队向占据浙江、福建、广东等地的清军发动攻势,使清军难以稳固地统治这些地区。同时,郑成功又联络江南义军将领共同抗清,给清军以沉重打击。1659年5月,郑成功率领17万大军北伐,兵分水陆两路向南京进发。连破瓜州、镇江、芜湖、太平等30余州县,包围了南京。大江南北抗清烽火再燃,清廷为之震骇。只可惜,郑成功误信了清总督朗佐谈判投降的诡计,没有乘机进取发动更大的攻势,一举拿下南京。致使清军借缓兵之计重新部署,又采取突然袭击的方法打得郑军措手不及,不得不退回厦门。

北伐一战,郑成功损失惨重,便是他并未气馁,而是总结失败教训,重整旗鼓。当时形势十分严峻,清廷为了消灭这支抗清力量,集聚重兵尾随追击。郑成功冷静地分析了时势,深知很难立足于厦门。为解除后顾之忧并为从事更大规模反清斗争做准备,郑成功把目标对准了被荷兰殖民者侵占盘踞的台湾。

台湾自古是中国的神圣领土,17世纪在西方殖民者向东方扩张时被荷兰侵占。殖民者在台湾实行残暴的殖民主义统治,大量屠杀台湾人民。台湾人民迫切渴望回到祖国。

荷兰殖民者听说郑成功要收复台湾,非常担心,就派使者来探听虚实。郑成功回信说:"虽然台湾和大陆以海相隔,但尚有我国人民在那里耕田捕鱼,经营商业,我如何能不闻不问呢?"

1661年3月,郑成功果断决策,亲自统率将士2.5万人,大小战船数百艘自金门料罗湾出发,向澎湖进发。自台湾鹿耳门登陆后,海陆展开激战,在台湾人民的积极支持下,海战取胜,切断了侵略者两个重要城市台湾城与赤嵌城的联系;陆路取胜,迫使侵略者龟缩于台湾、赤嵌两个城市中。在郑成功强大的攻势下,荷兰殖民军头子揆一弃城投降。1662年2月1日,揆一在投降书上签字。至此被殖民者占领达38年之久的宝岛台湾重新回到了中国人民的怀抱之中。

收复台湾4个月后,郑成功不幸病逝,年仅38岁。他积聚力量反清的宏愿无法实现,成为他临终的最大遗憾。

# 邓世昌

档案　邓世昌(1849—1894年),原名永昌,字正卿。汉族,广东番禺(今广州市海珠区),祖籍广东东莞怀德乡人。清末海军爱国将领,民族英雄。

名言　我立志杀敌报国，今死于海，义也，何求生为。

邓世昌，1849 年出生于广东番禺的一个农民家庭。少年时代的邓世昌就胸怀大志，他向西方人学习算术，并精通英语。

邓世昌出生在外国资本主义首先入侵的广东地区，生长在清朝政治腐败、中国逐渐沦为半殖民地的时代，亲眼目睹了外国资本主义压迫中国人民、企图灭亡中国的罪恶行径。于是，从小他就主张读书应以"经世致用"为目的，萌发了反侵略的爱国思想。十八九岁的时候，他抱着学好本领、拯救祖国的志愿，远离家乡，考入了清朝弟一所海军学校——福州船政学堂。

从福州船政学堂毕业后，邓世昌被分配到清军水师部队，历任海军东云、振成、镇北、扬威等舰管带。当时，清军水师腐败不堪，许多军官生活腐化，士兵也很少训练，军纪极为松散。而邓世昌却和他们完全不同，他对工作认真负责，与士兵一同生活，共同操练，还注意对士兵进行爱国教育。当时有人担心他累坏身体，劝他注意休息。邓世昌爽朗地笑着回答说："你没有读过古书吗？古人常把以身殉国当做最大的光荣。只要对国家有利，牺牲个人生命又有什么可惜的呢？作为军人，应该准备随时献身祖国才是。"

1880 年和 1887 年，邓世昌先后两次奉命赴英国接领新舰回国。每次出国，都认真考察西方海军情况，并积极学习西洋海军如何演练海战战术。

1887 年 8 月，邓世昌赴英国接新舰回国。在整个航程中，邓世昌认真组织将士进行海上操练并且要求他们变换不同的阵法进行演习，使全体将士受到了一次很好的锻炼。

1888 年 4 月,"致远"等四舰驶抵天津大沽,朝廷任命邓世昌为"致远号"管带,以副将补用,并加总兵官衔。同年 9 月,北洋海军成立,邓世昌被任命为中营副将,仍管带致远。

1891 年,李鸿章到威海检阅海军,看到邓世昌训练海军得力,对其极为赞赏。

1894 年 8 月,中日甲午战争爆发。9 月 12 日,邓世昌所在的北洋海军舰队奉命从大连湾护送运兵轮船到大东沟(鸭绿江口)。北洋舰队不负众望,顺利完成了任务。17 日上午,北洋舰队返航时途经黄海,遭遇了一支日本舰队。邓世昌下令各炮一齐向"吉野"开火。不料,炮弹却没有动静。原来,为了庆祝慈禧太后六十寿辰,海军的经费都被用于修建颐和园了,那些炮弹里根本就没有火药,里面装的全部是沙土。面对这一切,大家又气又恨。水兵们纷纷拿起步枪向敌人射击。此时,"致远"已经没有后援,敌人集中四艘舰的火力,围攻"致远"。"致远"腹背受敌,舰身被击中,甲板上也着了火。敌人的炮弹更加猖獗了,在它周围激起无数水柱。"致远"舰已濒临绝境,水兵们在甲板上朝着祖国的方向,跪下告别。在这万分,紧急的关头,邓世昌大声激励士兵们说:"我们从军卫国,早已将生死置之度日外。现在情况已经十分危急,今天是我们报效祖国的时候了! 我们虽然牺牲了,但可以长国家的声威,也就达到报国的目的了。"随后,邓世昌率领"致远"号全体英雄官兵,怀着满腔怒火,驾着一条"火龙",在弹雨中向"吉野"猛冲过去,决心同敌舰同归于尽。中国海军将士的这种爱国壮举,吓坏了"吉野"军舰上的日本官兵。眼看"致远"就要撞到敌舰上时,被日军鱼雷击中,锅炉爆炸,舰身倾斜,军舰慢慢地向海底沉去。在军舰将要完全沉没的时刻,随从刘忠将救生圈递给邓世昌,恳请他迅速离舰。邓世昌坚决拒绝,断然表示:"事已至此,义不独生,誓和致远全舰士兵共存亡。"说罢,重伤之下的邓世昌同全舰 250 名英勇将士一起护卫着自己的军舰和舰旗,慷慨从容地跳入黄海万顷碧日涛之邓世昌牺牲后举国震动,光绪帝垂泪撰联"此日漫挥天下泪,有公足壮海军威",并赐予邓世昌"壮节公"谥号,追封"太子少保",入祀京师昭忠祠,挥日笔亲撰祭文、碑文各一篇。李鸿章在《奏请优恤大东沟海浑阵亡各员折》中力日请战功,说"邓世昌、刘步蟾等之功亦不可没者也"。威海百姓深受感动,也于日 1899 年在成山上为邓世昌塑像建祠,以表达心中的敬意。

# 曾国藩

档案 曾国藩(1811—1872 年),初名子城,字伯涵,号涤生,谥文正,汉族,湖南省长沙府湘乡县人。晚清重臣,湘军的创立者和统帅者。清朝军事家、理学家、政治家、书法家,文学家,晚清散文"湘乡派"创立人。

名言 勤以补拙,俭以养廉。

公元 1811 年(嘉庆十六年)出生于湖南长沙府湘乡荷叶塘白杨坪(今湖南省娄底市双峰县荷叶镇天坪村)的一个豪门地主家庭。兄妹 9 人,曾国藩为长子。祖辈以务农为主,生活较为宽裕。祖父曾玉屏虽少文化,但阅历丰富;父亲曾麟书身为塾师秀才,作为长子长孙的曾国藩,自然得到二位先辈的伦理教育了。

曾国藩出生时,祖父曾经梦到有一只巨蟒缠在他家的柱子上,所以认为曾国藩是巨蟒转世,曾国藩出生后家中的一棵死梧桐树竟然重新焕发出了生命,让其祖父更加相信巨蟒转世这一梦语。而凑巧的是曾国藩患有类似"牛皮癣"一类的皮肤病,浑身上下都是像蛇的鳞片一样的癣,所以曾国藩也相信了巨蟒转世这一梦语。在岳麓书院学习时因为怕别人看到身上的鳞片,所以夏天燥热时还穿戴整齐的读书,让先生大加赞赏。

　　一天,天气晴朗,年幼的曾国藩从学校回到了家里。刚放下书包,其父就焦急地说:"我明明煮了五个鸡蛋,怎么只有四个?"于是就把曾国藩叫来,对他说:"煮熟的鸡蛋是分给你们吃的,现在少了一个,不知是那个偷吃了,快帮你母亲查一查。"曾国藩思索了一下,答到:"这个很容易,我有办法查出来。"说罢,曾国藩端出一个脸盆,倒了几杯茶,把家里的人都喊拢来,叫每人喝一口茶水,吐到盆里,他站在旁边观察,结果有一个佣人吐出的茶水里夹有鸡蛋黄粉。曾国藩的父亲高兴极了,觉得儿子聪明,将来能当官审案子。

　　曾国藩6岁时入塾读书,8岁能读八股文诵五经,14岁时能读周礼,史记文选,并参加长沙的童子试,成绩俱佳列为优等,可见他自幼天资聪明,勤奋好学。至1832年他考取了秀才,并与欧阳沧溟之女成婚。

　　曾国藩28岁便考中了进士,从此之后,他一步一阶的踏上仕途之路,并成为军机大臣穆彰阿的得力门生。在京十多年间,他先后任翰林院庶吉士,累迁侍读,侍讲学士,文渊阁值阁事,内阁学士,稽查中书科事务,礼部侍郎及署兵部,工部、刑部、吏部侍郎等职,曾国藩就是沿着这封仕途之道,步步升迁到二品官位。十年七迁,连跃十级,从七品一跃而为二品大员,曾国藩的一生是和镇压太平天国起义分不开的。

　　1852年,曾国藩因母丧在家。这时太平天国的起义已席卷半个中国,尽管清政府从全国各地调集大量八旗、绿营官兵来对付太平军,可是这支腐朽的武装不堪一击。因此,清政府屡次颁发奖励团练的命令,力图利用各地的地主武装来遏制革命势力的发展,这就为曾国藩的湘军的出现,提供了一个机会。1853年清政府给予寻求力量镇压太平天国的时机,他因势在其家乡湖南一带,依靠师徒、亲戚、好友等复杂的人际关系,建立了一支地方团练,称为湘军。曾国藩残酷镇压太平天国起义,用刑苛酷,史称(派知州一人,照磨一人承审匪类,解到重则立决,轻则毙之杖下,又轻则鞭之千百。庵案至即时讯供,即时正法,亦无所期待迁延)。不仅他自己直接杀人,他的父亲和四弟也杀人,即有人责其杀人过多,称呼为(曾剃头)、(曾屠户)。据说,南京小孩夜哭,妈妈说(曾剃头来了),小孩就不哭了。在和太平军作战中,曾国藩用劫掠财物、封官赏爵的办法来鼓舞士气,养成湘军凶悍残忍的本性。湘军在军事素质落后的清朝武装力量中成为中国南方地区与太平天国军事力量作战的主力之一。曾国藩被封为一等勇毅侯,成为清代以文人而封武侯的第一人,后历任两江总督、直隶总督,官居一品,曾国藩一生著述颇多,但以《家书》流传最广,影响最大。1879年,也就是曾国藩死后7年,传忠书局刻印了由李瀚章、李鸿章编校的《曾文正公家书》。

曾国藩本人也善于运用人才,清朝另外一些名臣如左宗棠、李鸿章都与他有密切关系。左宗棠、李鸿章等称呼曾国藩为老师。曾国藩曾说"李少荃拼命做官,俞荫甫(俞樾)拼命著书"。

一次,李鸿章向恩师推荐了3个年轻人。黄昏的时候,曾国藩刚刚回府邸,家人立刻迎了上来,低声告诉曾国藩,李大人推荐的人已经在庭院里等待多时了。曾国藩挥挥手,示意家人退下,自己则悄悄走了过去。

曾国藩暗暗观察这几个人。只见其中一个人不停地用眼睛观察着房屋内的摆设,似乎在思考着什么;另外一个年轻人则低着头规规矩矩地站在庭院里;剩下的那个年轻人相貌平庸,却气宇轩昂,背负双手,仰头看着天上的浮云。曾国藩又观察了一会儿,看云的年轻人仍旧气定神闲地在院子里独自欣赏美景,而另外两个人已经颇有些不耐烦。

很快,曾国藩召见了这3个年轻人。交谈中,曾国藩发现,不停打量自己客厅摆设的那个年轻人和自己谈话最投机,自己的喜好习惯他似乎都早已熟悉,两人相谈甚欢。相形之下,另外两个人的口才就不是那么出众了。不过,那个抬头看云的年轻人虽然口才一般,却常常有惊人之谈,对事对人都很有自己的看法。

谈完话之后,3个年轻人起身告辞。出人意料的是,曾国藩并没有对最投机的年轻人委以重任,而是让他做了个有名无权的虚职;很少说话的那个年轻人则被派去管理钱粮马草;而那个仰头看云,偶尔顶撞曾国藩的年轻人被派去军前效力,他还再三叮嘱下属,这个年轻人要重点培养。

李鸿章对此安排颇不理解,曾国藩说出了用人的秘诀:第一个年轻人在庭院里等待的时候,便用心打量大厅的摆设,刚才交谈的时候,明显看得出来善于投人所好,由此可见,善于钻营,有才无德,不足托付大事;第二个年轻人遇事唯唯诺诺,谨小慎微,沉稳有余,魄力不足,只能做一个刀笔吏;最后一个年轻人,在庭院里等待了那么长的时间,却不焦不躁,竟然还有心情仰观浮云,就这一份从容淡定便是少有的大将风度,更难能可贵的是,面对显贵他能不卑不亢地说出自己的想法而且很有见地,这是少有的人才。那个仰头看云的年轻人没有辜负曾国藩的厚望,在后来的一系列征战中迅速脱颖而出,受到军政两界的关注,他便是台湾首任巡抚刘铭传。

太平天国失败后,太平军在江北的余部与捻军汇合,清廷命曾国藩督办直隶、山东、河南三省军务。曾国藩带领湘军两万,淮军六万,配备洋枪洋炮,北上"剿捻",他的方针是"重迎剿,不重尾追",并提出"重点设防"等计划,妄图把捻军阻击在运河、沙河地区,使捻军无处可逃,然后加以消灭。但是捻军突破了曾国藩的防线,进入山东,使曾国藩的战略计划全部破产。曾国藩被免职,由李鸿章接代。

1870 年,正在直隶总督任上的曾国藩奉命前往天津办理天津教案。1870 年 6 月 21 日,天津数千名群众因怀疑天主教堂以育婴堂为幌子拐骗人口、虐杀婴儿,群集在法国天主教堂前面。法国领事丰大业认为官方没有认真弹压,持枪在街上碰到天津知县刘杰,因发生争执开枪射击,当场击死刘杰仆人一人,民众激愤之下先杀死了法国驻天津领事丰大业及其秘书西门,之后又杀死了 10 名修女、2 名神父、另外 2 名法国领事馆人员、2 名法国侨民、3 名俄国侨民和 30 多名中国信徒,焚毁了法国领事馆、望海楼天主堂以及当地英美传教士开办的 4 座基督教堂。事件发生后,英、美、法等国联合提出抗议,并出动军舰逞威。曾国藩到天津后,考量当时局势,不愿与法国开战,"但冀和局之速成,不问情罪之一当否",在法国的要求下,商议决定最后处死为首杀人的 18 人,充军流放 25 人,并将天津知府张光藻、知县刘杰被革职充军发配到黑龙江,赔偿外国人的损失 46 万两银,并由崇厚派使团至法国道歉。这个交涉结果,朝廷人士及民众舆论均甚为不满,使曾国藩的声誉大受影响,引起全国朝野的垂骂,连他的湖南同乡,也把他在湖广会馆夸耀其功名的匾额砸烂焚毁。

1871 年(同治十年)8 月 19 日,挈李鸿章联衔会奏《拟选子第出洋学艺折》。9 月,曾国藩视察水陆各营防务、训练情况。11 月抵上海。

1872 年(同治十一年)2 月 27 日,领衔上奏:促请对"派遣留学生一事"尽快落实。并提出在美国设立"中国留学生事务所",推荐陈兰彬、容闳为正副委员常驻美国管理。在上海设立幼童出洋肄业局,荐举刘翰清"总理沪局选送事宜"。3 月 1 日,时发脚麻之症,舌蹇不能语。3 月 12 日,午后散步署西花圃,突发脚麻,曾纪泽扶掖回书房,端坐三刻逝世。6 月 25 日,灵柩运抵长沙。7 月 19 日,葬于长沙南门外之金盆岭。次年 12 月 13 日,改葬于善化县(今望城县)湘西平塘伏龙山,与夫人欧阳氏合葬。

# 科学英杰

　　科学是社会进步的催化剂，在社会的发展中起着不可估量的作用。在历史的长河中，对人类产生深远影响的科学家灿若星河。他们具有睿智的目光和追求真理的精神，在自然科学和发明创造等领域作出了巨大的贡献，从而成为世界公认的科学巨匠。没有他们，社会将会像耗尽了油的汽车，停滞不前。

# 扁鹊

档案　扁鹊（约前401—前310年），原姓秦，名越人，又号卢医，传说为战国时田齐渤海郡郑州（今河北任丘）人，一说为齐国卢邑（今山东长清）人。战国时期齐国的名医。

名言　人之所病病疾多，医之所病病道少。（出自扁鹊《医述》）

约公元前401年，扁鹊出生在齐国渤海郡郑州（今河北任丘县）。他自幼父母早逝，家境贫寒。他小小年纪，为了生活，不得不到市镇上的一家小客店当伙计。

秦越人手脚勤快，待人热情，又善解人意，旅客们有什么难事，他都主动热情地帮助，因此很受旅客们的欢迎。

一天，一位住店的老大爷发烧，烧得很厉害。有人从镇上请来了自称是神医的巫医。只见那巫医紧闭双眼，双手合拢，嘴中念念有词。一会儿又用双手故作姿态，东抓一把，西抓一把，煞有介事地比划一番后，掏出一个纸包说是神药，吃下去会药到病除。然后，他收了银子，就跑了。

人们正要把药喂给老人吃时，秦越人急忙上前拦住说："这药可不能吃，我亲眼所见，好几个病人吃了这药都死了！不信，你们打开看看！"话音刚落下，有人把那巫医给的药打开一看，大叫一声："全是木屑拌黄土烧成的灰，这怎么能治病呢？"有的客人问秦越人："这附近还有其他的医生吗?"小伙计秦越人说:"要是长桑君在就好了,他的医术是很高明的,吃他的药准好!"大家正说着呢,忽听到:"秦越人,店里还有铺位吗?"秦越人回头一看,高兴地说:"啊呀,刚说到先生,先生就来了。这里有一位老爷爷发烧,病得很厉害,请您赶快给他看看吧!"长桑君放下包裹,马上为老人诊病。他先是把脉,又看了看老人的舌头,询问病情后切了几味药,说:"马上给老人家喝下去。喝了药以后,给他盖上被子,发发汗,很快就会好的。"

第二天,那老爷爷的病果然好多了,不但退了烧,还起来喝了粥。到了第三天老爷爷已经可以到集市上去办货了。大家都说:"长桑君的医术真高明啊!"秦越人说:"以后我们大家可要信任医生呀!千万不要再请巫医了,"有人说:"先生可不能走啊,你走了以后,那巫医就会又来骗人了!"长桑先生说:"我们医生必须四面八方去行医治病,不能老待在一个地方。我尽力而为吧!只怪行医的人太少啦!"这时,秦越人说:"先生,让我跟您学医吧!"长桑先生问:"你真有这个决心吗?医生可是非常艰苦的事?秦越人说:"先生,我不怕苦!"长桑先生答应了:"那好,你真有这个决心,我就收下你这个徒弟,有志者事竟成嘛!"从这以后,秦越人就跟着长桑君。长桑君走到哪里,秦越人就跟到哪里。他白天细心观察老师怎样为人诊还要东奔西跑,四处送药;晚上再把白天看到的病情和治疗方法记下来,十分辛苦。

就这样,没用多久,秦越人已经可以自己独立行医看病了。他医德高尚,对待病人,就像对待自己家里的亲人一样。特别是遇到危重病人,他就日夜守护,寸步,不离,宁可自己不吃不喝,也要医好病人。正因为他视病人如亲人,所以,一传十,十传百,一来二去的,老百姓都知道好医生秦越人了。慢慢地,他的名气越来越大,深受百姓的信赖。

随着时间的推移,长桑君的年纪越来越大。他看到秦越人已成为一名深受人民爱戴的良医,感到无比欣慰。他因为无儿无女,便把一生积累下来的药方全交给了秦越人,然后就悄然离开了。

秦越人身受师傅的重托，心怀对老师的思念，夜以继日地研究老师留下的药方。他又把亲眼目睹的病历综合起来，用心体味、总结，使医术不断提高，凡经他看的病，总能药到病除。传说在黄帝时期，有一个神医名叫"扁鹊"，于是大家便把秦越人也称之为"神医扁鹊"，认为秦越人就是扁鹊的化身。于是，有关神医扁鹊的佳话和故事便在百姓中间传开来。

扁鹊处处关心人民疾苦，注意考察各地的风俗，根据人民的需求，因地制宜施行手术，热心为病人服务。他来到赵国都城邯郸，邯郸的妇女多病，他就在妇科上刻苦钻研，治好了许多妇女的疾病。扁鹊来到了周国的都城洛阳，发现老年人患有五官疾病较多，他就认真学习耳鼻喉科，为很多老年人治好了耳聋、眼花的病症。扁鹊来到秦国的都城咸阳，看到许多儿童患病，他就专心致志地研究小儿科疾病，为秦国儿童治好了许多疾病。

长期的民间行医，走村串户，还使扁鹊搜集了许多治病秘方，他去伪存真，认真整理应用。而且不烦一病多方，进行综合治疗。扁鹊尽心竭力为病人着想，又肯于刻苦钻研，医术越加高超，成了春秋战国年间名扬各国的良医。在科学发达的今天，有许多潜藏在体内的病症，只要用先进的医疗技术就可以检查出来。可是，在科学非常落后的古代，却是很难办到的，然而，还流传着扁鹊给赵简子诊脉断病的动人故事。

有一次扁鹊来到晋国（今山西省一带），正遇上晋国大夫赵简子身患重病，已经昏迷五天不省人事。赵简子的家人十分担心，便将扁鹊请来诊治。扁鹊按过赵简子的脉搏后，对赵简子家人说："你们不必担心，赵简子的病不久就会好转。"经过扁鹊配了药方，又进行扎针治疗，吃过了几次汤药，不出七天，赵简子的病逐渐好转，很快就痊愈了。

在"切"诊断脉方面，汉代史学家司马迁对扁鹊给予很高的评价，称其为脉诊的先驱。

有一次，扁鹊路过虢国(今河南省陕县)，听说虢国正为太子办丧事。扁鹊详细地询问太子的侍从人员，得知了太子发病的经过，"巫医"的误医情况，还有死后的尸体征状等。然后，扁鹊对侍从们说：太子没有真死，也许还能救活。侍从把扁鹊的话告诉了国君。国君在半惊半喜之中将扁鹊请入宫中，扁鹊经过仔细地按脉诊断，发现太子还有微弱的呼吸，两腿还没有全冷，断定不是真死，而是得了"尸厥病"(也就是休克)，还有治好的希望。扁鹊用针灸的方法进行急救，使太子苏醒过来，又经过20多天的汤药治疗，虢国太子就完全恢复了健康。

从此以后，被后世人们传颂着扁鹊能"起死回生"的故事。扁鹊对于人们的赞扬却很谦虚地说："不是我有什么本领能够把死人救活，而是病人本来就没有死。"扁鹊这种谦虚的态度一直受到人们的称赞。

扁鹊还十分注意预防疾病。他认为有了病应及时治疗，不应拖延，否则就会使病情恶化，以致不能治疗，这也就是"防微杜渐"的道理。

他在长期的临床实践中总结出了"六不治"，他认为：专横跋扈，骄奢淫逸，不讲道理，为一不治；重财轻身，爱财如命，为二不治；不注意寒暖、暴饮暴食，为三不治；思想不开展，好动怒生气，为四不治；有病不愿吃药，为五不治；迷信巫术而不相信医学，为六不治。以上六种情况，都是不好治疗的。从中可以清楚地看出扁鹊行医朴素的阶级性，同时，他把人的生理和心理看成是一个有机的整体，这在今天看来也是符合科学道理的。

扁鹊一方面努力提高医术水平，热心为人民医伤治病，另一方面，他不断地培养接班人，他把自己长期所学得的医术传授给他的学生。而且，他在破除迷信和与巫术作斗争中，也起了很大的作用。扁鹊盛名传天下，秦国太医令李醯非常嫉妒他知道自己的医术不如扁鹊，他看到扁鹊来到秦国治好了许多小儿的疾病，而李醯自己身为秦国的太医令，却治不好儿童的疾病。他竟然无耻地派人把扁鹊刺死了。

　　扁鹊虽然被杀害了。可是，他对我国医学史上的贡献，永远为后世们所传颂，人们尊称他为"药王"，他的故乡被称为"药王庄"（河北省任丘县北），他的事迹被后世人们编成寓言故事传颂。他的医学理论被汉代总结成一部医学经典著作《难经》，共有80篇，内有脉经、经络、脏腑、病理、穴道、成回法等篇。我国西汉著名的史学家司马迁在《史记》的《扁鹊仓公列传》中称扁鹊为："至今天下言脉者，由扁鹊也。"扁鹊在长期的临床实践中总结出：望、闻、问、切的诊断方法直到今天仍为中外医学界所广泛地采用。

# 蔡伦

**档案**　蔡伦（57—121年）字敬仲，东汉桂阳郡耒阳（今湖南耒阳市）人。我国四大发明之一的造纸术的发明者。

**名言**　我一定要造出中国第一张纸。

　　**蔡**伦出生于普通农民家庭，从小便随父辈种田，由于他聪明伶俐，因此很讨人喜欢。

　　汉章帝刘旭（公元56—58年）即位后，常到各郡县挑选幼童入宫。永乐十八年（公元75年），蔡伦当时他约15岁，因迫于生计，他进了汉明帝的宫里当了太监。当时成为太监，不仅要忍受阉割之苦，还要受到亲属朋友的嘲讽。蔡伦为了摆脱贫穷，在精神上不知忍受了多少的痛苦。

他读书识字，成绩优异，于建初元年(公元 76 年)任小黄门(宦官中职务较低者)。蔡伦从小黄门做起，天天要侍候皇帝和皇室成员，忍受大太监的责骂。蔡伦小心谨慎地效劳，不敢有半点马虎。在蔡伦的努力下，他逐步取得了皇帝的信任，就这样，蔡伦一步步高升到龙亭侯。

在长期的宫廷生活中，蔡伦深感到没有简易的文字载体的不便，他下决心要解决这个问题。

东汉和帝九年，蔡伦担任了尚方令这一官职。尚方令专门负责皇宫里面使用的器物，因而经常和工匠们接触。劳动人民的精湛技术和创造精神，给了他很大的影响。蔡伦很有才能，并且能够深入群众，向群众学习。他是个有心人，经常到田野和河边走访，观察河边妇女们洗蚕丝和抽丝漂絮的过程。他发现好的蚕丝拿走后会在席上形成薄薄的一层残留物，有人把它晒干，用来糊窗户，包东西，也可以用来写字。他还到造纸的作坊向造丝絮纸的工匠们请教，逐渐深入地了解和掌握了造纸的基本方法。蔡伦深知，因为经济发展的需要，对纸提出了更高的要求，只有开辟更广泛的造纸的材料来源，改进造纸的技术和方法，才能造出既经济又实用的纸张提高纸的实用性。

当时，蔡伦注意到，劳动人民的衣服大都是用麻料制成，他们在沤麻的过程中，也像洗絮一样，最后也会在篾席上残留一些薄膜。蔡伦想："如果麻纤维也能造纸，造纸的材料来源问题不就解决了吗？"于是，蔡伦和很多能工巧匠一起，经试验，研制了一个造纸的工作程序：一分离；二捶捣；三交织；四干燥。就是按着这一生产程序，他们首先搜集材料(树皮、麻皮、破布、废渔网等)，再把它们捣碎捣烂，做成纸浆；然后使用"漂絮"的方法，用席子捞取纸浆，捞出的纸浆在席子上形成薄薄的一层，晒干后，就成了纸。用这种方法造出来的纸，体轻质薄,很适合写字,受到了人们的欢迎。东汉元兴元年(公元105年),蔡伦把这个重大的成就报告了汉和帝,汉和帝赞扬了他一番。从此,全国各地都开始用这样的方法造纸。

在造纸的过程中,他们不断总结和改进,使生产技术不断提高,生产程序也日渐完善和成熟。有了丰富的材料来源和比较容易掌握的生产方法,造纸业得到了极大的发展。蔡伦改进造纸方法成功,这是人类文化史上一件大事。从此,纸才有可能大量生产,给以后书籍的印刷创造了物质条件。造纸术是中国古代科学技术的"四大发明"(指南针、造纸术、印刷术、火药)之一,是中华民族对世界文明做出的一项十分宝贵的贡献,促进了世界科学文化的传播和交流,深刻地影响着世界历史的进程。

公元121年,蔡伦由于当年被迫陷害汉安帝的祖母宋贵人,而被拿去治罪。蔡伦心中有愧,不愿去受审,在内疚的心情下,服毒自杀了。

# 张衡

档案 张衡(78—139年)。字平子,南阳西鄂(今河南南阳市石桥镇)人,汉族。他是我国东汉时期伟大的天文学家、数学家、发明家、地理学家、制图学家、诗人、汉朝官员,为我国天文学、机械技术、地震学的发展作出了不可磨灭的贡献。

名言 人生在勤,不索何获。

公元 78 年,张衡出生在南阳郡西部邻县的一个小村庄里。他家祖祖辈辈都是农民,日子还算过得去。

张衡从小就喜欢向人提出各种各样的问题,刚懂事起,就喜欢数天上的星星。每到晚上,他都要牵着祖母的手,到院子里数星星。他用手指着天上一闪一闪的星星人声数着:"一、二、三、四、五……今天的星星咋比昨天多呀?"祖母说:"傻孩子,星星能数得清楚吗?"他立即回答:"我能数清天上的星星。"数星星都成了张衡每天必做的功课了。因此,每当吃完晚饭,祖母就会牵着小张衡到院子里去数星星、看月亮。有一天,小张衡问:"奶奶,你说,前几天月亮还像梳子呢,今天怎么就义像钩子了呢?"祖母说:"月亮像你一样,吃多了就胖了,脸就圆了;少吃了就变瘦了呗!"小张衡听了奶奶的话禁不住哈哈大笑起来。有一次,父亲对小张衡说:"孩子,星星要一群一群地数,不仅要数,还要叫出它们的名字。每一群有几颗星星都要记住,那才不白数啊,而且那样数星星就容易得多了。"小张衡听父亲这样说,就缠着父亲说:"爸爸,那你就教教我吧!"父亲指着大的星星说:"那七颗排列得像小勺子一样的星星叫北斗七星。季节不同,北斗星会发生不一样的变化,它会翻筋斗! 不信,你现在记住它的样子,等天冷了,你再来看,它准和现在不一样啦!"就这样,今天让父亲给他讲一群星星;明天又让祖父给他讲一群星;后天再请母亲给他讲一群星。天长日久,小张衡已经能辨认很多星星了。有一天,小张衡在山里迷了路。他没有着急,而是顺北斗星指引的方向,找到了家。

在他 10 岁那年,祖母和父亲相继去世了。舅舅送张衡到书馆里去读书。他深知读书对他来说是多么的不容易,因此非常刻苦。不久,小张衡开始作诗了。他作的诗常常受到老师的夸奖。

为增长知识,小张衡博览群书。一天,他看到一本叫《鹖冠子》的书,被书中按北斗星定季节的四句话深深吸引住了。从此。他常常仰望着星空,观察北斗星的变化,日积月累,发现北斗星在围绕着一个中

鲜为人知的名人故事

109

心转,一年转一圈。他自言自语地说:"啊,我终于明白'北斗星移',是怎么一回事啦!"

由于勤学好问,随着一天天地长大,张衡的知识也越来越丰富了。17岁那年,为了增长自己的学识,他对母亲说:"人要多才能识广,多走一些地方,才能多看一些东西,以增加知识。我决定离家远游。"经母亲同意,他卖掉了一部分房产,凑齐路费上路了。一路上,他寻访古迹,调查各地风土人情、物产、人民生活状况,把亲眼所见和亲耳所闻与书本上的知识加以对照,提高了自己的认和理解能力。到了洛阳,他结识很多的朋友,他们在一起研究数学,天文学、历法等。而后,他又借阅了一些书籍,学识大增。

有志者,事竟成。公元115年,张衡当上了太史令,主管天文历法。从此,他更有机会和时间研究星象了。为了让人们更直观地了解天象,经过研读大量材料、反复进行科学试验,花费广很长的时间,张衡终于试制成功了世界上第一台观测天文的仪器——浑天仪。

浑天仪是个空心的铜制圆球,表面上刻满了星星,这些星星有的亮、有的暗,方向和位置都和天上的一模一样。经过一段时间的试用,他觉得通过浑天仪虽然能直观地了解星象的情况,但是它不能转动。于是他以水力鼓风的原理、用漏水做动力,设计了新的装置,可以使浑天仪运转。它的转动速度和地球相等,一天一夜正好转动一圈。这样一来,天地、日月、星星都看得更加清楚、逼真,彻底打破了封建迷信中有关什么天神、雷公等的一些传说。

有了观察天体的仪器,通过进一步的研究,张衡得出了这样一个理论:月亮本身并不能发光,它的光是对太阳光的反射;月亮的圆和缺,是月亮和太阳位置的变化引起的。经过反复的试验,他进一步验证了这一看法的正确性,于是,便把这些结论写进《灵宪》这部书里。张衡的这一发现是非常重要的,它为后来人们研究天体的敲砖。打开研究星象体系大门的金钥匙。

从此,张衡住天文学利星象体系方面的聪明才智,犹如喷发的火山,一发不可收拾:候风仪、指南针、记里程鼓车、会飞的木雕等等,一个接着一个的发明,犹如泉涌,他并于公元122年,研制成了地动仪。

地动仪用青铜制成,在它的上面铸有8条龙,每条龙的嘴里都有一个铜球,名为铜珠,哪一条龙嘴里的铜珠吐出来,就预示着哪个方向有地震。地动仪研制成以后,接连几次准确地预测了一些信息。就是相距1000多里以外的陕西发生地震,都没有能逃脱地动仪的监测。地动仪是世界上最早的观测地震的仪器。

张衡的一生,把全部精力都投入到科学研究上,为天文学、星象学作出了卓越的贡献。公元139年,这颗历史上罕见的人类智慧之星,陨落了。他永远地离开了他所热爱的事业,享年62岁。

# 华佗

档案 华佗(约145—208年),字元化,沛国谯(今安徽省亳州市谯城区)人,汉族,东汉末医学家、养生家。华佗与董奉、张仲景被并称为"建安三神医"。

名言 人体欲得劳动,但不当使极耳,动摇则谷气得消,血脉流通,病不得生。譬如户枢,终不朽也。

华佗很小的时候,母亲就患急症病死了。华佗从此立志要当医

生,为穷人治病替他们解除痛苦。他听说"琼林寺"的长老医道高明,就不辞辛劳,跋山涉水,前去拜师。琼林寺的长老见他远道而来,诚心拜师,便收下了这个徒弟。在寺中,白天干完杂活,一有空,华佗就去看师傅为人诊病,晚上读医书直到深夜。他的勤奋,受到了师傅的夸奖。

有一次,长老突然发病昏倒,师兄们都惊慌失措,华佗却十分沉着镇静。他主动为师傅把脉,用心思考,过了片刻,他对师兄们说:"不要紧,师傅的脉象平和有力,没有什么大的毛病,只是劳累所致,很快就会好的,请放心吧。"大家听了也就踏实了。谁知大家刚刚安静下来,师傅却笑了起来:"哈哈,你们这些人只有华佗及格!"原来师傅并没有真的生病,只是有意识地在考大家。回到屋子里,华佗发现刚才因为离开得急,碰倒了烛台,桌上的医书被烧了。他没声张,悄悄地又把书默写了出来。师傅得知这件事后,对华佗赞不绝口。

远在东汉时期,华佗就已经可以给病人做手术了。但是当时没有麻醉药,做手术的时候,因剧烈疼痛,病人经常是四肢乱动。无奈,华佗只好将病人捆绑起来。可是这样还是不行,病人只要看见华佗手中的刀,就吓得大嚷大叫。看到病人痛苦的样子,华佗很是心疼。

一天,几千人抬着一个受伤的青年来求医。华佗一看,这个人的腿摔断了,因疼痛已经昏迷,于是立即给他动手术。因为伤势严重,失血过多,华佗来不及像往常一样捆绑病人,就开始了手术。开始时,华佗怕病人乱动,叫护送的人使劲按住病人的四肢,可是病人毫无挣扎的意思。手术进展得十分顺利。华佗十分纳闷:"这是怎么回事呢?病人为什么没有任何的反应?"他仔细观察,闻出了一股酒味。华佗恍然大悟:病人喝了酒,到了醉的程度,就会失去知觉,当然就不知道疼痛了!华佗从中受到了很大的启示:发明一种药,手术前让病人吃下去,就可以减轻痛苦了。

此后,华佗走遍山山水水,和很多精通医学的人探讨,还亲自上山采集了许多草药,配成了各种药方,煎熬后,自己先进行尝试,反复试验许多次,终于发明了中药的麻醉剂——麻沸散。此后,人们动手术再也不用为疼痛而担心了。

华佗的诊断技术极为高超。有一天华佗在路上遇到一个躺在车上呻吟的病人,这人因喉咙阻塞想吃饭却吃不下去。华佗听了他的声音,看了他的神色之后对其家人说:"你到路旁卖饼人家要三两蒜齑(大蒜末),加上半碗酸醋,调和了吃下去就可以治愈。"病人按他的指点服了药,吐出一条长虫,果然病好了。当这个人带虫去拜谢华佗时,看到华佗家的墙壁上挂有同样的长虫十余条。

又有一次,在盐渎一家酒店几个人正在饮酒,华佗看一个叫严昕的人的脸色不正常,便问:"你身体好吗?"严昕感到奇怪,回答说:"很好,很正常。"华佗说:"你有急病,最好不要多饮酒。"但严昕并没有在意,结果在回家的路上感到头晕目眩,从车上跌下,被人扶回家后不久便死去了。

一生救死扶伤的华佗,最后却屈死于封建专制制度之下。位居丞相,权重一时的曹操患有头风眩(可能是三叉神经痛),屡治不效。闻得华佗医术超群,便召请华佗治疗。华佗来到许昌只给他扎了一针,便止住了疼痛,但不能断根。于是曹操为能够随时给自己治病和达到笼络方士的目的,强留华佗做他的侍医。不为名利所动亦不愿受此拘束的华佗不久即托辞妻子有病请假归乡,并一再延期不返。曹操勃然大怒,多次书信催促并敕郡县官吏督行,仍不见华佗回来,盛怒之下,差人查访说,若华佗妻果真有病则赐以小豆四十斛,并再宽假数日。若是欺骗,便收华佗入监。后华佗被捕入狱,终遭曹操杀害。在临终之前,曾把他一生行医的经验总结写成一部书稿交付给狱吏,告知他这是可以救人活命的书,狱吏却因怕受牵连而不敢接受。失望而无奈的华佗于悲凉之中索火焚毁了书稿,一生心血的结晶,顷刻之间,化为灰烬。

华佗在医学史上首先采用了以麻沸散进行全身麻醉对患者进行手术治疗的方法,将外科手术的范围空前地扩大,同时也为医学的发展开辟了新的道路。他还是体育疗法的创始者,创造了"五禽戏",通过模仿虎、熊、鹿、猿、鸟的动作而保证血脉通畅,使消化能力加强,从而达到锻炼身心的目的。华佗对后世的中国医学产生了深远的影响,不但在当时被称为"神医",而且被历来的医家推崇为"外科鼻祖"。

# 祖冲之

档案　祖冲之(429—500 年),字文远,南北朝时期人,汉族人,我国杰出的数学家、科学家。一生先后任过南徐州(今镇江市)从事史、公府参军等官职。其主要贡献在数学、天文历法和机械三方面。

名言　迟序之数,非出神怪,有形可检,有数可推。

**祖**冲之出生世家,生活条件优越。可他自幼就特别喜欢数学,不喜欢读那些枯燥的经书,也不喜欢背那些难懂的诗词。他对仕途毫无兴趣。为此,父亲经常责骂他。祖父祖昌任大匠卿,主管土木建筑。他常为祖冲之辩护说:"只会死记硬背,不肯动脑筋,又不会动手的人才真的没有出息呢!"因此,祖冲之特别喜欢和祖父在一起。祖父经常给他讲一些,建筑知识。这对小冲之影响很大。无论去哪儿,祖父总把小冲之带在身边,以增加他对社会的了解,开阔视野,扩大知识面。

工地上有许多能工巧匠,他们个个能画会算,祖冲之对他们从心眼里敬佩。

祖冲之是个爱动脑的孩子,他经常向祖父提出一些问题,如:"月亮为什么有的时候是圆的,像个盘子;有的时候是弯的,像把镰刀?""为什么太阳白天出来,而月亮晚上出来呢?""为什么太阳会比月亮热?"……为了解答祖冲之的问题,祖父找来一些文章,让他自己看,并说"这是汉朝天文学家张衡的文章,认真看一看,你会得到一些答案。"祖冲之如饥似渴地读着这些文章。过了一段时间,祖父问他:"你现在知道月亮为什么会有时圆,有时缺了吗?"祖冲之说:"啊,我懂了。月亮本身是不会发光的,朝着太阳的一面有光亮,背着太阳的一面就没有光亮。"他又接着说:"人站在地球上看月亮,正对着阳光照射的一面时,就是满月;侧对着阳光照射的一面时,就是半月;由于角度不同,所以月亮有时看起来像把镰刀……"祖父听了很高兴,就继续问他:"你说得对,如果日月相对,地球在中间,太阳光被地球遮住了,照不到月亮上时,会发生什么情况呢?"祖冲之立刻回答说:"发生月食!"祖父自然又是鼓励他一番。从此,祖冲之对有关天文学的文章和书籍产生了浓厚的兴趣。他看书时,还把祖父给他的小木球(有点像今天的地球仪)摆在面前,转来转去,进行研究。

祖冲之听说有一个官员名叫何承天,研究天文很有成就,就缠着祖父要前去拜访。祖父见小家伙如此好学,又是那么有兴致,就带着他一起到了何承天家。祖父把小祖冲之对天文的兴趣介绍了一番,又客气地请求何承天加以指导。何承天说:"孩子,研究天文学,是很辛苦的,既不能升官,又不能发财,这又何苦呢?"祖冲之说:"我既不想升官,也不想发财,只想弄清天地的秘密。"何承天听了很高兴,还夸奖他有志气。他们来到后院,何承天指着一个东西(用石子砌起来的一个圆池子,在池子正中间竖立着一根木杆)让他看,告诉他:"这叫土圭,是用来测量太阳位置的。早晨,太阳从东方升起,杆影朝西,很长随着太阳的运转,慢慢地杆影移向西北,越来越短。到正午,太阳升得最高,杆影最短;下午,杆影又渐渐地变长,转向东方,就是夕阳西下的时候了。"祖冲之说:"我还以为是用木杆来量什么哪!"何承天说:"木杆这么短,太阳那么高,怎么量,量什么?哈哈!不是用木杆量,而是根据影子的方向、长度来测量太阳照射的变化而判断时间的。"在地上还有一根用小石子砌成的线,祖冲之指着它问"这线是做什么用的?"何承天回答说"这是正北线,正午时,杆影到线上,就能看出杆影的长度,每天都不一样。"祖冲之非常聪明,他马上想到一个问题,就说:"'夏至'时,太阳在天空最高,杆影最短;'冬至'时,太阳在天空最低,杆影最长,您说对吗?"何承天马上说:"对,对,你是个爱动脑筋的好孩子。"就这样,日复一日,何承天把祖冲之引入研究历法的大门。经过长年累月的观察和测量、计算,祖冲之发现何承天的《元嘉历》还有不够精密的地方,于是他动手改订新的历法。新历法有很多计算与现代科学测算很接近。那年他才33岁。可惜封建帝王并不是很理解、也不重视科学,新历法被呈递后,很多年得不到推行。

祖冲之很喜欢数学,他从当时一本著名的数学书《周髀(音币)算经》中看到,圆的周长为直径的三倍,他就用绳子量车轮,进行验证。不想结果却发现车轮的周长比直径的三倍还多一点:量盆子圆口的周长也是一样。圆周究竟比直径长多少呢?他读了很多数学书,并反复计算,认定刘徽的"割圆术"最科学。但刘徽只算到小数点以后两位,他决心继续算下去。祖冲之在地上画了一个直径为一丈的大圆,采用割圆术,正六边形,正十二边形,正二十四边形……一直到一二二八八边形。最后终于算出了圆周率是介于3.1415926和3.1415927之间的,成为世界上第一位把圆周率推算到小数点后七位数的人。

除此之外,祖冲之还改造指南车,制作小磨房、千里船等。祖冲之是世界著名的数学家和天文学家。国际天文学联合会用祖冲之的名字命名月球上的一座环形山,用以表达对他的敬仰和纪念。

公元 462 年,祖冲之把他编制的新历法献给了皇帝,称为《大明历》。通过编制《大明历》,祖冲之测得地球绕太阳一周的时间为365.242841481 日,比现代测定的数值仅差 50 秒;测得月球绕地球一周的时间为 29.21222 日,比现代测算的数值相差不到 1 秒,其精确程度在当时世界上是最先进的。为了能替下当时采用的旧历,颁行新历,祖冲之与宋孝武帝的宠臣——懂得天文、历法的戴法兴进行了面对面的辩论。戴法兴是一个保守主义者,在辩论中提出了很多问题来难为祖冲之,企图把祖冲之驳倒。戴法兴认为太阳的运动没有一定的规律,日月星辰运动的快慢,凡人是不可知的,而且历法是古代留传下来的,不应随便更改。他的这些保守的理论,都被祖冲之用事实一一驳回。辩论到最后,在场的多数大臣都认为祖冲之是正确的,而宋孝武帝通过双方的辩论也知道了《大明历》的优点,就决定在 465 年改用新历。这场辩论也成为中国历法史上著名的论战之一。

　　464 年,祖冲之被调任为娄县县令。478 年,祖冲之被调回建康,任谒者仆射。

　　刘宋统治的末年,守卫皇宫的禁卫军头目萧道成打算造一辆好的指南车。这时祖冲之正在朝廷做谒者仆射,平时又有博学的名声,于是萧道成就去请求祖冲之,让他想办法重造一辆指南车。祖冲之答应了。经过反复的试验,祖冲之算准了每一个齿轮的半径和齿距,叫铜匠依图铸造。最后制成了一具铜制的机械,机械的上面插着一个小木人,它的右手前伸,手指指着前方。这辆铜制的指南车真是名副其实,不管怎么转动它,它都始终指向一个方向——南方。这是一项很少有过的高超技术。

　　公元 479 年,在齐统治的前期,祖冲之发明了机械船,制造了水碓磨等粮食加工工具。公元 494—498 年,又担任长水校尉的官职,写过一篇《安边论》,很受齐明帝的欣赏。公元 500 年,祖冲之去世,终年72 岁。

# 李时珍

**档案** 李时珍（1518—1593年），字东璧，晚年自号濒湖山人，湖北蕲州（今湖北省黄冈市蕲春县蕲州镇）人，汉族，明朝时期卓越的药物学家、科学家。著有《本草纲目》。

**名言** 百病必先治其本，后治其标。

公元1518年，苏州瓦硝坝的中医李月池家里，一个小男孩儿出生了，他就是李时珍。

李时珍的父亲是当地有名的中医。左邻右舍一有不舒服，就来找他看病，每次都是药到病除。他在自家的后院种植了很多种草药。除了给人看病以外，他就侍弄这些草药，一会儿浇水，一会儿锄草，一会儿施肥。

李时珍从懂事起，就对帮助爹爹给中草药松土、锄草很感兴趣。他每次来到这个小药园，总是问这问那："父亲，这是啥花呀？"父亲会耐心地回答："这叫单叶红牡丹，它的根和皮都能入药。"于是小时珍就会接着问："那这药能治什么病啊？"父亲告诉他："这药能治风寒，能止疼痛；肠胃炽热、心气不足也能治。"小时珍还会刨根问底："啥叫心气不足啊？""你现在还小，过几年再学吧！"这个小家伙总是不依不饶地问个没完没了的，还说："我就要问，我偏要问！"父亲总是乐呵呵地说："好好好，我告诉你……"他缠住父亲不放，父亲只好把一些具有药用价值的花、草的名字、药性、用途一一讲给他听。你可不要小瞧这个小家伙，他听得还很认真呢！就这样，今天讲几样，明天讲几样，日子一天一天地过去，后院小园子里的花啊草的，也就基本上讲完了。

随着时间的流逝，小时珍一天天地长大，他8岁了。后院小药园的草药都已经让他认完了，每种草药他都记得很熟。他对此很不满足。父亲只好带着他上山采药。山上的学问可是大得很哪！漫山遍野一眼望不到边，到处都是野生的药材，还有天上飞的昆虫、到处跑的野兽，这可使小时珍大开了眼界。他看到父亲采草药时，每次采了，都要放在嘴里嚼一嚼，尝一尝，就好奇地问："父亲，你为什么采了草药，都要放到嘴里尝一尝呢？"父亲说："放到嘴里嚼一嚼，尝一尝，就知道是什么味道。"我们的祖先们，采草药都是这样的。只有用嘴品尝才能知道药力、药味和疗效。我们的先人们就是这样亲自品尝以后，才写出《本草经》这本医书的！等你长大后，你可以好好地读一读这本《本草经》。

在山上，他们总是一边走，一边看，一边讲，碰到什么，就讲什么。有一次，他们看到一条蛇，吓得小时珍直口叫："哎呀！不得了，蛇！"父亲一把抱住他，告诉他："这叫蕲蛇，是极毒的，人一旦被它咬到，抢救慢了，就要丧命的，但是蛇胆、毒液和它的皮都是治病的良药呢！"小时珍追根究底："人如果被这蛇咬了可怎么办呀？"只见父亲低头找呀找，忽然眼睛一亮，他采了几棵小草，对小时珍说："你看，这是半边莲，这是鬼针草，这是天南星草，这几种草药都是能治蛇伤的。"

每一次，父亲讲解以后，小时珍都牢牢地记在心里。他的记性特别好，每隔一段时间，父亲再问他以前讲过的草药知识，他都能一字不差地回答出来。就这样，一天又一天，一月又一月，一年又一年……时间久了，李时珍在父亲的指点下，已经能辨别各种药草、动物，并说出它们的药用价值了。

有一次，李时珍和几个小伙伴上山去玩。有一个小朋友不小心被蕲蛇咬了。小朋友们都口下得不知如何是好，李时珍却十分的镇静，

鲜为人知的名人故事

他说:"别着急,我知道半边莲、鬼针草和天南星草都能治蛇伤。这些草很好找。"于是他东找找,西找找,不多一会儿,就拿了一些草药,揉了揉,挤了挤,给那小朋友涂抹在被咬伤的地方,然后就把那小朋友抬回了家。第二天,被咬的小孩儿果然好多了,被父亲带着到李时珍家里来道谢。于是村里的人都知道李月池家的小公子李时珍也懂得治病了。不久,左右村子都知道蕲州瓦硝坝村有个会治病的"小神童"李时珍。

在当时,民间医生地位很低,李家常受官绅的欺侮。当父亲得知李时珍的愿望后,长叹了一口气,无奈地对他说:"孩子,虽然谁都离不开医生,但在世人的眼中医术是方技、小道、贱业,不能立身扬名。你看我吃的苦还不够多吗?何必再走这条路。你还是发愤读书,博取功名吧!"就这样父亲决定让李时珍读书应考,以便一朝成名,出人头地。李时珍不想违背父亲的愿望,让他伤心。因此听从家里的安排,12岁入私塾读书,准备考取功名。

经过长期的刻苦学习,李时珍终于在14岁考取秀才,但从那以后他三次赴武昌应试举人,皆名落孙山。他觉得很受打击,加上本来无心功名,因此不想再为应试作努力了。他立志要学医,于是多次恳求父亲说:"让我做一名医生吧。"他还写了一首诗歌明志,说:"身如逆流船,心比铁石坚,望父全儿志,至死不怕难。"父亲无奈,只好答应了他的请求。父亲对他说:"既然你有心学医,我不再阻拦,但你要做好克服困难的思想准备,要有恒心、耐心,还要严守医德,这样才能成为好德医生。"李时珍把这些话牢牢记在心里。

李时珍在医疗实践中,对历代医药书籍,如《神农本草经》《本草经集注》《唐本草》《开宝本草》等进行了广泛阅读研究。他发现旧"本草"非但不完善,甚至有很多错误,便立志要把旧的药书加以整理补充,写出一部分类更加详细的药物学著作。但他十分清楚,要重新修订《本草》,力求在前人的基础上有所突破和发展并非易事。为此,李时珍大量阅读了历代药书 300 多家,还研究了大量古医书引用过的古书共 591 家。只要和"本草"有关的,都进行研究。光是摘录下来的笔记,就装满了好几柜。

从 1552 年起,李时珍开始写《本草纲目》,到 1578 年完成,共经历了 27 年时间。在这段时间内,李时珍可以说"行万里路,读万卷书",呕心沥血,历尽千辛万苦,终成巨著,今中滋味,可想而知。

为了继承学习前人的科学成果,李时珍在动笔前曾"读书十年,不出户庭",不仅阅读了各种"本草",历代药书 300 多家,还研究了大量古医书引用过的古书共 591 家。要把那些深奥的典籍读完读透,是何其不易啊!

为了采集发现新的药物,艰苦的野外科学考察是少不了的。李时珍从 1565 年以后,就多次走向大自然,先后到过湖广、江西、江苏、安徽等省以及武当山、茅山、牛首山、龙峰山等产药丰富的山区,披荆斩棘,攀悬崖,临绝壁,采集了许多标本,通过实地考证纠正了书上很多的错误。

艰苦科研了 27 年,黑发人变白发人,李时珍的青春刻在了《本草纲目》上。

《本草纲目》共 52 卷,190 多万字。全书把药分做 16 部 62 类,收载药物 1893 种。此外,载入药方 11096 个,并附有动植物插图 1110 幅。这部书的规模之宏大,内容之丰富,涉及范围之广博,是古代任何一部"本草"书所望尘莫及的。

《本草纲目》刊行后,立即受到人们的欢迎,风靡全国,人人争相传阅。随着中外文化的交流,《本草纲目》深受世界各国的重视。西方人称之为东方医学巨著。李时珍为中国及世界文明所作的贡献,同《本草纲目》一起永远载入了史册。

1593 年初秋,李时珍逝世。葬于蕲州雨湖南岸的蟹子地,与父亲李月池的墓相倚。

鲜为人知的名人故事

# 李四光

档案　李四光（1889—1971 年），蒙古族，字仲揆，原名李仲揆，湖北人。世界著名的科学家、地质学家、教育家和社会活动家。

名言　真理哪怕只见到一线，我们也不能让他的光辉变得暗淡。

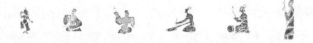

李四光出生于湖北省黄冈县一个教师家庭里。父亲李卓侯先生是个出了名的好塾师，他教书认真，非常爱护学生。李先生的先祖原姓"库里"，是蒙古族人。由于家境贫寒，无法生存，先祖从内蒙那边讨饭南下，流落到湖北黄冈回龙山，与汉族兄弟们居住在一起，和睦相处，后来改为"李"姓。李四光排行老二，父亲给他取名叫"仲揆"。小仲揆天资优厚，聪明可爱，咿呀学语时就抱着父亲的书本好奇地翻着瞧着，父亲高兴极了："好小子，爱念书太好了，为父会满足你的！"在儿子两三岁时就开始教他识字，小仲揆记性很好，进展很快，四五岁时肚里就装进了 2000 多汉字，还有不少唐诗宋词和童话故事。小仲揆是个好动脑筋的机灵鬼，凡是新鲜东西他都爱靠上去瞅一瞅，歪着小脑袋想一想，非得琢磨出其中的"奥秘"来不可，当"弄清所以然"之后，他就自己动手去设计、去制造。旧时过大年，特别是元宵节，不论富户还是穷家，家家门前都挂个大红的门灯，到了晚上更热闹，大半的小孩差不多人人手里提着个点蜡烛的花灯。一般孩子只是到时候要个灯笼来比好看，凑热闹，而 5 岁的小仲揆却另是一番做派：他在节前就坐在屋后亲手制作灯笼,先将竹子剖成篾片,再将篾片刮成丝条,按照自己的设计,别出心裁地编扎成他想象的神话人物如孙悟空、猪八戒、哪吒,或各种动物如牛、羊、马等,而后再糊上红色、粉色的彩纸,还自己用毛笔在上面写个"福"字。过节的晚上,一排灯笼串挂在门口,点上蜡烛后,真是五花八门,异彩纷呈,吸引着左邻右舍的孩子前来观看,连大人们都为他的聪明和好手艺感到惊讶。

李四光父亲是教书先生,没有时间照顾家里,家里的活全落在母亲一个人的肩上。那时候,生产技术很落后,人们吃的米不是用机器来去皮,而是要全靠人力,一家人吃的米全靠母亲一个人来踩踏板舂米,每当听到"咚、咚"的声音,小李四光就知道是母亲又在舂米了,每到这个时候,他就会放下书本跑过去对母亲说:"我也来踩"。可是,踩沉重的石杵踏板即使对大人来说也是一件很费力的事情,更别说小小的李四光了,他只能踩几下就踩不动了,只能让母亲来踩。看着母亲累得汗流满面,可是自己又帮不了,小李四光很心疼又很着急,不知道自己该怎么办。

一天,他从外面找来了绳子,绑在了石杵的另一头,然后自己站在踏板上,拉着绳子的一头,当往下踩踏板时,也用力拉绳子,这样石杵就动起来了,而且比以前省力多了。母亲看着在踏板上的像个小大人的儿子又是欢喜又是心疼。这种爱动脑筋、喜欢思考的习惯伴随了李四光一生,他以后的任何一项发现与成功,都离不开这样的好习惯。6岁的小仲揆在私塾读书,没有辜负父母的期望。他虚心好学,勤奋刻苦,白天听先生讲课,晚上跟哥哥一起在灯下做作业,背古文诗词,在同龄的孩童中,他的成绩总是最优秀的。

小仲揆渐渐长大了,志向也越来越高远了。听说武昌城里的高等小学堂,课程多种多样,除了学习诗词古文外,还有算学、地理、体育、美术,以及许多有趣的手工技术活动,他心里十分向往。

1902年秋,李仲揆在父亲的鼓励下,从回龙山赶到武昌高等小学堂报名。路上,他坐着小船,看到帝国主义的军舰耀武扬威,横冲直撞,便说:"他们这么欺负人,就没人管吗?"那船老大说:"他们在军舰上支着大炮,清政府都不敢管,咱老百姓哪管得了?"到了汉口,他看到城里有的建筑很古怪,便对船老大说:"这房子怎么这样古怪呢,""听说那是帝国主义的租界,连住在那边的中国人都由他们管。"船老大说。帝国主义的侵略魔爪,深深刺痛了少年李四光的心。他立志要考上高等小学,学好本领,将来为中国人争气!他匆匆忙忙赶到学堂,可因慌忙,不小心把报名表填错了,把年龄填在了姓名栏里。他填的是14岁,猛抬头看见大厅挂着的横匾"光被四表",灵机一动,便又添上"光"字。这便成了他的终身姓名"李四光"。

入学后,他怀着科学救国的理想,刻苦用功,接连几年都是全校第一。由于成绩优秀,毕业后他被保送到日本留学。到了日本,李四光考入大阪高等工业学校造船专业。他期望有一天,亲手建造兵舰轮船,把外国强盗赶出中国去。李四光剪掉了象征民族耻辱的辫子,发奋学习,像海绵那样吸收新的科学知识。到达日本后,他进入东京弘文学院普通科,首先是学习日语。儿时的理想,民族的需要,使他产生了极高的学习热情。日语关顺利通过后,他进入大阪高等工业学校学习造船专业。在日本留学期间,他遇到了孙中山、黄兴、宋教仁等革命先驱,受到革命理论的教育和爱国激情的鼓舞,他刻苦学习,努力拼搏,并且时刻关心着祖国命运和民族前途,积极参与救国活动,参加了在东京赤阪区召开的中国同盟会筹备会,成为最年少的创始会员。孙中山先生拍着李四光的肩头赞扬说:"你年纪这样小就要革命,很好,有志气。"并亲笔给他题赠:"努力向学,蔚为国用。"孙先生的教导和期望,成了他日后为救国强国而奋斗终生的力量。

李四光从日本学成回国后,一边在武昌一所工业学校任教,一边参加孙中山领导武昌起义,并担任要职。然而,篡夺了军政大权的袁世凯等排挤革命党人,清王朝的臣仆摇身一变为国民政府的官员,照旧作恶，对外丧权辱国，对内欺压百姓，他们无意"实业强国"，甚至嘲笑"科学强国"。于是，李四光愤然辞职，决心"再读10年书，准备一份力量"，以等待好时机的到来。

1911年，李四光怀着"科学强国"之志进入了英国伯明翰大学，先学采矿技术，后来觉得中国当前最需要的还是寻找矿产资源，所以又改学地质学。他在英国利用一切办法寻找关于中国地质情况的资料，一是自己研究需要，一是为回国后备用。经过广泛收集资料和精心研究，他撰写的题为《中国之地质》的毕业论文，博得一致好评，顺利获得自然科学硕士学位。

李四光学成后立即赶回祖国，接受北京大学校长蔡元培之聘，担任北京大学地质系教授。他坚持理论结合实际，并把考察山河读"自然书"放在教学首位。他亲自率领学生先后在河北省沙河县及山西大同盆地实习考察，当发现"第四纪冰川"遗迹时，他兴奋得跳了起来。

因为长期以来，国际上一直认为"中国无第四纪冰川"。所以，当他亲眼发现"第四纪冰川"遗迹时就感到无比兴奋。此后，为了进一步获得证明，他踏遍祖国大江南北，先后考察了太行山的东麓、大同盆地、扬子江流域，他几上庐山，发现牯岭西谷的一块巨石矗立在另一块巨石之上，并得出庐山是"中国第四纪冰川的典型地区"的结论。他在考察黄山、九华山、天目山时，又发现了比较典型的冰蚀地形和冰川堆积泥砾剖面，还在黄山找到了冰磨条痕，他的题为《安徽黄山之第四纪冰川》发表后，一举推翻了"中国无第四纪冰川"的错误论断。

1947年7月，他代表中国出席第18届国际地质大会，第一次应用他创立的地质力学理论，作了题为《新华夏海之起源》的学术报告，引起了强烈反响。新中国成立后，在毛泽东主席的重视下，李四光的科研事业如日中天，他担任了国家科技、教育部门的重要领导职务，作出了巨大贡献，使得中国地质学在国际上亮出了一面旗帜。他以他的"地质力学"理论，考察和分析我国地质结构，为我国找到稀有金属做出了重大贡献,李四光是我国功勋卓越的地质学家和"地质力学"的创始人。

1971 年,李四光逝世,享年 82 岁。

# 竺可桢

**档案** 竺可桢(1890—1974 年),又名绍荣,字藕舫,汉族,浙江上虞人。中国卓越的科学家和教育家,当代著名的地理学家和气象学家,中国近代地理学的奠基人。

**名言** 我们人生的目的在能服务,而不在享受。

竺可桢出生在浙江上虞县东关镇的一户竺姓人家。父亲叫竺嘉祥,原住东关镇附近的保驾山前村,因在东关镇上开了家杂货店,顺便兼营粮卖米,就迁来大木桥头村住下。竺家的家境在小镇上是令一般人家羡慕的。竺可桢有 5 个兄弟姐妹,他是最小的一个。

父母都十分钟爱这个小儿子,作为一个商人,父亲受到中国传统的思想"万般皆下品,唯有读书高"的影响,十分希望儿子们能以读书奔出个好前程。对于小儿子竺可桢更是寄予了厚望。在小竺可桢 3 岁时,父亲就教他识字读书。

小竺可桢的读书天分很高,记忆力也很好,很多知识只要学过一遍基本就能学会。一次,父亲让小竺可桢骑在肩上带着他去镇上看望自己的朋友。在镇子的路两边有一些店铺,通常店铺的门上会有招牌,一般的招牌上都是店铺的名字。有的店铺还会在外面写一些本店经营的东西以及价格。每走到一个挂有招牌的地方,父亲先是问他:"这个上面有没有认识的字?"然后就挑简单的字教他,告诉他怎么读,再告诉他意思是什么。父亲读一下,他就在肩上跟着读,惹得路上很多行人都看他们。可是这根本没有影响小竺可桢,他根本就没有注意到别人是在看他。回来的时候,父亲又按这种办法教了他一次。等回到家里,父亲故意把那些在路上教过的字拿出来考他,没有想到,聪明的小竺可桢大都记住了。家里的人都很惊讶,没有想到小竺可桢的记性这么好,人们纷纷夸他是个"神童"。

后来,竺可桢进了毓菁学堂,学习的内容不但有古典诗词、经典文赋,而且还包括现代算术、音乐、图画之类,这就使得竺可桢的视野更开阔,思维也更活跃了。竺可桢由此得益不少,直到晚年都还感激先生们的蒙学之功。

1900 年,毓菁学堂的平静被打破了,少年学子的心灵被撞击了,帝国主义列强入侵中华,义和团奋起抗击,伤亡惨重。"八国联军"攻陷北平,腐败无能的清政府卖国投降。这犹如一阵阵雷,一阵阵风,一阵阵雨,从四面八方冲入学堂,无情地袭击着小学子们的心灵。小可桢是个不同寻常的少年,他有颗大人的心,想得特别多,也特别深,他把那一件件事与小镇的百姓联系起来,与国家安危联系起来,常常忧愁不已,感慨万千。

有一天上语文课,老师在黑板上写出"苦"与"甜"二字,要同学们即兴造句。当竺可桢读出他所造的句子时,老师惊喜得走下讲台,抚摸着他的头感叹良久。因为他的造句跟一般同学不同,他不是从一般日常意义的苦与乐、甜与涩的感觉编千句子,而是从国家存亡、民族尊严这个高度构想出一副对联:"丧权辱国最苦,国家富强虽甜。"从此,他暗暗下定决心,要为雪国耻而读书,为国家富强而奋斗。

15 岁那年,竺可桢以各门功课全优的成绩从毓菁学堂毕业,顺利考入绍兴东湖通艺学堂,半年后转学进了上海澄衷学校,后来又去上复旦公学,以优异成绩考入唐山路矿学堂学习土木工程,学习成绩始终居全班第一。

19 岁的竺可桢风华正茂,踌躇满志。少时就期望国家富强的他,在这时候,"国家"这个概念更是时时撞击着他的心灵,"科学救国"的道路渐渐清晰地摆在他的面前。他认为中国几千年来是以农立国的,万事以农为本,便打算从这"国本"上寻找救国强国之路,当他顺利考得第二次庚子赔款赴美留学公费生资格后,便远渡重洋,到美国伊利诺大学农学院研读农学,决心要在理论上和技术上汲取外国农学的精华,通过学习,他又认识到气象与农业的关系最为直接,而中国农业长期滞后,发展缓慢,正是由于气象事业落后的缘故。于是,他在本科毕业后,进入了著名的哈佛大学,选择气象学作为攻读对象,系统学习国际气象学领域的前沿科技,经过苦心钻研,不懈努力,他先后顺利获得硕士、博士学位。

1918 年秋,气象学者竺可桢带着"科学救国"的热情和"贤哲政治"、"学术自由"的幻想,精神抖擞地回到阔别了日年日夜思念的祖国,他毅然放弃了任海关监督的肥差,而甘心当一名穷教书匠。他明白,要从根本上改变中国气象的落后面貌,必须有一群人、一代人,甚至几代人组成的浩浩荡荡的气象科技大军前赴后继的努力才能奏效。

1917 年,应国民政府中央研究院院长蔡元培的邀请,竺可桢出任气象研究所所长。大鹏展翅的时机到了,他制订了周密详尽的计划,经过一年的艰辛努力,建成了第一个由中国人管理的气象台南京北极阁气象台,打破了外国人对中国气象事业的垄断。

在自己理想的岗位上,竺可桢废寝忘食地苦干着,在那种没钱没设备还缺人才的困境下,他靠着水滴石穿的韧劲,不辞辛劳,在全国各地建立了40多个气象站,100多千雨量观测站,初步形成了中国自己的气象观测网,把中国的气象学研究和气象事业建设带入了"第一个黄金时代",在农业发展和灾害预防方面做出了重大贡献,成为人人夸赞的中国现代气象事业的奠基人。

新中国成立后,他满怀热情地投身于社会主义建设事业,十分关注农业生产状况,想方设法利用气象学知识来增加粮食产量。他写了一篇重要论文《论我国气候的特点及其与粮食生产的关系》,其中分析了光、温度、降雨对粮食的影响,并提出了发展农业生产的许多设想。

# 文学大师

文学是语言文字的艺术，是社会文化的一种主要表现形式，同时也是对人们日常生活的反映，它既可揭示生活的本质，又可以体现人们的喜怒哀乐。每一部作品都凝聚了文学家们的心血和汗水，传达着他们的志向和抱负。如果没有文学，人类生活将会枯燥无味。因此，文学家是人类精神财富的创造者，给人类以精神食粮。

# 屈原

**档案**　屈原(约前340—约前278年),名平,字原;又自云名正则,字灵均,汉族,战国末期楚国丹阳人。楚武王熊通之子屈瑕的后代。屈原是中国最伟大的浪漫主义诗人之一。代表作品《离骚》《九歌》等。

**名言**　路漫漫其修远兮,吾将上下而求索。

屈原是文学史上第一个成功用楚辞(楚地民歌)进行写作的作家。楚辞在屈原的手里发扬光大起来,焕发了动人的魅力,从此成为文人喜欢用的一种体裁。但战国时期的民歌是很受轻视的。屈原凭着自己对文学的敏感和对楚辞的了解,从小就发现楚辞很适合抒发感情,也适合吟唱的特点,因此常常找来读。

屈原的老师是个很讨厌民歌的人,他认为民歌是粗俗的文学,民歌集子是野书,因此不准诵读,更不准大家在课堂上看。一次,屈原在做完老师布置的功课后就偷偷拿出楚辞的书,悄悄看了起来。

由于看得太认真,竟然没有发觉老师已经站在自己的身后。老师一看屈原手里的书后十分生气,命令屈原把书带回家去不准再拿来,从此后屈原没有在课堂上看过楚辞。但有一天放学后,老师又在一棵柳树下发现屈原看楚辞,就向屈原的父亲告状说屈原不专心学习,看闲书。父亲虽然只是叮嘱了屈原几句,但屈原也不敢在家里读了。

屈原的姐姐发现屈原近来行动变得有点神秘,他放学复习完功课不和家里人打招呼后就悄悄走掉了,直到很晚才回来,天天如此。姐姐觉得很奇怪,于是一天悄悄跟着屈原准备看他做什么。只见屈原急匆匆来到附近的山上,然后拐进一个小山洞里。姐姐跟着他进了小山洞,里面黑糊糊,看不见东西。再拐了几下后眼前突然一亮,一束光从洞顶的小洞射人,而屈原就坐在那束光底下静静地看书。屈原看见姐姐进来也很吃惊,似乎想把手中的书藏起来,但已经来不及了。姐姐猜也不用猜就知道屈原手中的肯定是楚辞。屈原不好意思地对姐姐说:"我喜欢读这些楚国的民歌,但老师和父亲都不准,我只好来这个洞里读。"想了想又坚定地对姐姐说:"您放心,我这样做,只是为了多读书,以后我会作个正直的人。"姐姐很感动,回家在父亲面前给屈原说情,父亲终于也同意屈原看楚辞了。屈原从民歌中汲取了很多有益的东西,对他以后的创作很有帮助,他用楚辞来抒发自己的爱国情怀,人生抱负,终于成为一代大家。

屈原是楚国贵族中的杰出人才。精通历史、文学与神话,洞悉各国形势和治世之道,人聪明,口才好。20 多岁就做了楚怀王的左徒,深受楚怀王信任。他为了实现楚国的强大,对内积极辅佐怀王实行变革,对外坚持联齐抗秦,楚国因此一度富强,威震诸侯。秦昭襄王即位之后,见楚怀王又想再次联合齐国,便想设计捉拿怀王。他给楚怀王写了一封措辞极客气的信,请怀王前往武关订立盟约。怀王接到信后,拿不定主意,不去会得罪秦国去了,又唯恐有危险。最后,他只得与大臣们商量,屈原看透了秦昭襄王的诡计,就对楚怀王说:"秦国像豺狼一样强暴,它一直欺压着我们,怎么会突然决定订立盟约呢? 大王,这是他们的阴谋啊,您一旦前往就中计了! 您可千万别去啊!"然而,上官大夫靳尚、怀王的宠妃郑袖、楚怀王的小儿子子兰收受了秦使的贿赂,他们根本不希望楚怀王采纳屈原的意见,所以,子兰极力劝说楚怀王前往。他说:"咱们以前与秦国为敌,结果如何? 结果是死了数不清的人,失掉了大片土地。现在,秦国主动向我们示好,我们怎能拒绝呢? 拒绝,那就意味着交战!"

楚怀王听信了子兰的话,不顾屈原的极力劝阻,固执地前往秦国和谈。正如屈原所料,怀王刚刚踏进武关,就被秦国断了退路。秦昭襄王逼他割让黔中的土地,怀王坚决不从,被软禁在咸阳城内。楚国拒绝向秦国割让土地,秦国就拒不放怀王返国。于是,楚国大臣立太子为新的国君。

楚怀王被秦国关了一年多,备受折磨。他好不容易冒险逃出咸阳,却又被秦国追兵捉了回去,最后死在秦国。消息传到楚国,国人异常愤怒。屈原劝新国君楚顷襄王举用贤能,整顿兵马,日后为国家和怀王雪耻。

没想到,楚顷襄王比他的父亲更昏庸,根本不听屈原的劝告。这时,上官大夫靳尚、已升任为宰相的子兰等人,一直对屈原怀恨在心,他们又去离间新国君。他说:"屈原实在太猖狂了。您父亲楚怀王在位时,他就目中无人,更别说您了。他说您不抗秦,不为父亲报仇,就是不忠不孝! 不忠不孝就必定亡国! 大王,您听听,他有多猖狂!"楚顷襄王一怒之下,就将屈原革去官职,流放湖南。流放南疆期间,屈原一直与百姓共同生活。楚国人民终年辛苦劳作,却吃不饱穿不暖,甚至无钱治病和下葬。这种悲惨的情形,使屈原更加痛苦。他时常在汨罗江边漫步,低声吟诵他的诗歌《离骚》,抒发着自己的未酬壮志。

有一天,他吟到悲愤之处,不禁放声痛哭起来。一位刚从江上捕鱼归来的渔夫听见哭声,就走上前去,对屈原说道:"您是屈原大夫吗? 您怎么在这里放声痛哭呢?"屈原抹掉泪水,说:"所有人都肮脏不堪,只有我一人是干干净净的;所有人都喝得酩酊大醉,只有我一人是清醒的。你说,我能不哭吗?"渔夫叹口气,劝他说:"难道您不会随波逐流吗? 那样的话,您就不会伤心痛哭了。"屈原摇摇头说:"刚刚洗过头的人,总会弹掉帽子上的灰;刚刚洗过澡的人,总会拍去衣服上的土。我宁可跳入江心,葬身鱼腹,也不能让自己落入泥坑,以致干干净净的身体沾染了尘埃。我又怎么能够随波逐流,与奸臣一块儿糟蹋楚国呢?"

公元 278 年,秦将白起领兵攻下楚国的国都,并且长驱直入,占领了洞庭湖一带。此时，屈原已在湖南流放了 20 年，早已是一个须发全白的 62 岁老人。他目睹国家灭亡、生灵涂炭，悲愤到了极点。农历五月初五，他抱着一块大石头，跳入了汩罗江。

当地渔民听说屈原投江，纷纷赶来搭救。然而，江水奔涌不息，哪还能找到屈大夫呢？因为始终找不到屈原，人们只得将饭团用粽叶包着抛入江心喂养鱼儿，希望鱼儿吃饱后不再伤害屈原的身体。

据说，屈原投江后惊动了洞庭龙王。龙王钦佩屈原的正直贤良，便命令巡湖夜又托着他的尸体逆流而上，交付给他的亲人。自屈原流放之后，他的女儿就天天在望爷墩上眺望。五月十五，她发现江面远远漂来一具尸体，仔细观察发现是屈原的尸体，顿时失声痛哭。渔民们闻讯前来，将屈原的尸体打捞上岸，并埋葬于汩罗山。

# 司马迁

**档案**　司马迁（前 145—前 87 年），字子长，西汉夏阳（今陕西韩城，一说山西河津）人，我国西汉伟大的史学家、思想家、文学家，著有《史记》，又称《太史公记》，他记载了上自中国上古传说中的黄帝时代，下至汉武帝太初四年（公元前 100 年），共 3000 多年的历史。

**名言**　人固有一死，或重于泰山，或轻于鸿毛。

精品中的精品丛书

公元前145年，司马迁出生在黄河西岸的一个叫做龙门的地方。他的父亲司马谈特别喜欢古籍，受父亲的影响，司马迁从小喜欢读书。后来父亲做了汉朝的太史令（专管天文历法并记录国家大事的官），于是司马迁便跟随父亲来到了都城长安。

不久，司马迁的父亲就结交了许多很有学问的人，于是司马迁得以拜当时的大学问家董仲舒和孔安国为老师。

20岁的那一年，司马迁已经成为了一个学识渊博的青年了，但是他对书籍上的知识不满足，决定离开长安城到全国各地走一走，了解更多的史料。

有一年，汉武帝要到泰山去举行"封禅"大典，司马迁的父亲司马谈也跟着汉武帝前往。可是刚到了半路，司马谈就染上了重病，只好留在了洛阳附近的一个小镇上，正好从西南回来的司马迁赶到了洛阳，气息奄奄的司马谈对司马迁说："孩子，我死了以后，你一定要做太史令，继续我的事业。自从孔子编了《春秋》后，已经400多年没有人再写过历史了。汉朝现在统一了，国家安定了，这是一个多好的机会啊！"

没多久，司马谈离开了人世。司马谈死后的第三年，司马迁被汉武帝任命为太史令。不久司马迁便开始写作了，他反复比较和研究历代的史料，然后又把自己所掌握的材料也作了整理，最后他决定写一部史料真实全面的史书。

公元前99年，汉朝大将军李陵奉汉武帝的命令，率领5000步兵进攻匈奴，后来终因孤军深入，被8万匈奴兵包围。李陵拼死突围，斩杀了无数的敌人，但最后粮草断绝，不得已当了俘虏这个消息传到朝廷的时候，汉武帝大发雷霆，司马迁平日跟李陵并没有什么深交，但他仗义执言，他对汉武帝说："李陵率领的5000步兵，作战10多天，杀伤了无数敌人，最后弹尽粮绝，投降决非本意。"司马迁的话激怒了汉武帝，后来司马迁被关进了监狱，并且受到了严刑拷打。没过多久，又从北方传来消息说，李陵正在帮助匈奴练兵，来准备攻打汉朝。其实这是一个谣传，可是汉武帝信以为真，马上命令把李陵的家属全部杀死。只替李陵讲了几句实话的司马迁也被汉武帝下令处以死刑。当时要避免死刑只有两个办法，一个就是花 50 万钱赎罪，另一个就是用腐刑（就是割掉生殖器）来代替死刑。

司马迁的家境并不富有，用 50 万钱来赎罪是不可能的事情，他想着他未完成的史书，又实在是不想就此死去，在万般无奈之下，他只好接受腐刑。

公元前 96 年，汉朝打败了匈奴，平定了边境，汉武帝一高兴，便下令释放一些关押在监狱里的罪犯，被关押了 3 年的司马迁这才得以重见天日。

司马迁出狱后当上了中书令，专门负责掌管皇帝的诏书和大臣的表章。司马迁平日除了默默无闻地工作以外，他几乎把空余的时间都用来写史书了。公元前 91 年，汉武帝和他的儿子在长安进行了一场 10 万人参加的大血战，结果，汉武帝战胜了他的儿子。为此几乎所有的臣子都前去祝贺，唯独司马迁仍然埋头写他的史书，也就是这一年，他完成了他的著作——《太史公书》，那一年司马迁已经 55 岁了，他终于完成了父亲的心愿。

《太史公书》很快地流传开了，后来人们把它叫做《史记》。《史记》一共有 52 万字，分为十二《本纪》、十《表》、八《书》、三十《世家》、七十《列传》，共 130 篇。

# 李白

**档案** 李白(701—762 年),字太白,号青莲居士,又号"谪仙人"(贺知章评李白,李白亦自诩)。汉族,我国唐代伟大的浪漫主义诗人,被后人尊称为"诗仙",与杜甫并称为"李杜"。

**名言** 廉夫惟重义,骏马不劳鞭。

　　李白出生在碎叶河畔(今吉尔吉斯斯坦境内)一户商人家里。5岁的时候全家一起迁居到现在的四川省江油县的青莲乡。因为父亲是以经商为生,所以家里的生活条件优越。李白从 5 岁就跟随父亲认字念书。他是个很聪明的孩子,只要教一遍,就能学会。

　　到了他 10 岁的时候,已经能看很多的书了。有一次李白的父亲要出远门,便叮嘱他说:"孩子,你很聪明,已经取得了很大的成绩,但要更加努力用功才行啊!"李白说:"我知道!"父亲走后,李白拿起一卷《老子》读起来。读着,读着,感到读不懂,头脑发胀,便跑到外面去玩了。到了外面一看,啊,天地是那么宽阔;空气是那样的新鲜;树木花草是那么葱绿茂盛;鸟儿飞来飞去,自由自在哈! 这比整天关在屋子里面读书快活多了。李白和伙伴们在一起玩,早把父亲的叮嘱忘了,读书的事也早就丢在脑后了。父亲回来后,便把他送进了私塾。李白聪慧伶俐,悟性极强。先生教的书,读一遍就能记住,而不会忘记。他比一般的学生学得快,加上本来他的基础就比别人好,因此成

鲜为人知的名人故事

137

绩突出。但是李白头脑灵活、性情活泼、好动，经常是坐不住的。

有一天，先生留的课业，他觉得不大好做，很伤脑筋，就想：不如回家玩一玩，要比做这些头疼的功课好得多啊。于是他就趁先生不注意的时候，偷偷地跑回家了。在回家的路上，他看见一位白发苍苍的老婆婆，坐在小溪边上的大石头旁，手里拿着一根铁杵，用力地来回磨呀磨，不停地磨！李白觉得很奇怪，连忙走上前去问道："老婆婆，您磨这个干什么呀？"老婆婆回答说："我想要把它磨成针哪！"李白又问道："这样粗的一根铁杵要磨成针，那得磨到什么时候啊？"老婆婆对他说："铁杵磨成针，功到自然成。只要功夫用到家，10 年，20 年，30 年，天天不停地磨，铁杵虽然粗，总有一天会磨成针的。"李白一听恍然大悟，他想：老婆婆的话有道理。这和读书一样，天下的好书很多，可是只要天天认真地读，10 年，20 年，总有一天能够把所有的书读完哪！老婆婆的话，就像一把重重的锤子猛击在了李白的心上。他对照几天来自己的行动，扪心自省，感到辜负了父亲的期望。

从那以后，他又到私塾里去读书了。他决心用铁杵磨针的精神振奋自己，加倍努力勤学，再也不偷偷跑掉了。不论先生留下多少课业，他总是认真地按时完成。除此之外，他还加紧读课外的书籍，终于把古代诸子百家的经书都读完了。后来李白到戴天山中的大明寺去读书，写了一首《访戴天道士不遇》的诗，成为他早期的著名诗篇之一，当时他只有十几岁。由于李白的勤奋努力，终使他成为一位著名的大诗人，人称"诗仙"。

# 杜甫

档案　　杜甫（712—770 年），字子美，自号少陵野老，汉族，河南巩县（今河南巩义市）人。盛唐时期伟大的现实主义诗人。被后世尊称为"诗圣"。

名言　君看磊落士，不肯易其身。

**杜**甫的祖籍原是湖北襄樊，后迁居到河南巩县。杜甫的父亲杜闲是个县令，而祖父杜审言却是当时文坛上有名的诗人。因为杜甫生长在书香门第，自幼饱受文化的熏陶，所以知书达理，惹人喜爱。

6 岁那年，杜甫观看了公孙大娘舞剑。公孙大娘那威武雄壮的英气；那刚健优美的舞姿；那机警灵活而又富有情感的眼神，深深地印在小杜甫的脑海里。他成名后曾写了一首诗，对公孙大娘表演的舞蹈和情景作了精彩的描写，写得十分生动。

杜甫 7 岁那年，一天，在后花园里看见了一只色彩斑斓的鸟儿。他看见那可爱的鸟在天空中自由地飞翔，煞是可爱。晚上，他还思念那只"神鸟"，爱慕它的自由和飞翔，为此写了一首歌颂神鸟的诗，抒发情怀。

杜甫在祖父的教育和影响下，喜欢读书，随着年龄的增长，他的知识日益丰富起来。到了十多岁的时候，就可以下笔写文章了。而且他从博览群书中总结出了精辟的心得，即"读书破万卷，下笔如有神"。

杜甫的身体不是很强壮。因此他常常精神疲倦，大大影响他的学习和记忆，于是他痛下决心锻炼身体。怎么锻炼呢？小杜甫灵机一动，想到在后院里有很多棵果树，于是每天坚持练习爬树。日子久了，那些果树的树干都被磨得十分光滑。他爬树的本领大了，身体也就壮实多了。到了秋天，苹果呀、梨啊、枣儿熟了，杜甫自告奋勇地爬到树上摘果子给小伙伴们吃。他从小就喜欢和左邻右舍的孩子们玩儿，尤其喜欢和些生活贫困人家的孩子们在一起。他觉得这些贫寒人家的孩子生活的本领大，认识很多东西，和他们在一起可以学到一些知识。

杜甫的身体结实强壮了，精神好了，每天都看很多书。他认真学习儒家经典，还特别精读一些文选。到了他15岁的时候，写的诗就已经在洛阳的文坛上崭露头角了。有一次，当时洛阳最有名的诗人、书法家李邑看了杜甫的诗，大加赞赏，还说："这一定是一位诗坛老先生写的吧！"后来经人介绍一看，是一位毛头少年，便问："这些诗都是你自己写的吗？"杜甫恭恭敬敬地回答说："是，老公祖。"李邑紧接着又问："你是受哪位名师指点的？"杜甫回答："祖父杜审言。"李邑才恍然大悟，不再追问，十分客气地说："这正是名师出高徒啊！"李邑对杜甫赞不绝口，并决定让他参加一次诗人的聚会。到了聚会的那天，李邑非常热情地对到来的诗人们大声说："来呀，今天我们洛阳文人们相聚，都来欢迎一位诗坛新秀——杜甫！"于是，到会的文人，都为杜甫的年少英才而惊讶，尤其是看了杜甫的诗作之后，更是赞不绝口。这以后，杜甫的诗在洛阳城里传开了，引起诗坛的极大关注。可是，杜甫并不自满和得意，反而更加用功读书，广泛阅读魏晋南北朝的各种典籍，决心读万卷书，

走万里路，到生活中去寻求创作的源泉。他在此后的10年里，先后游览了吴越、齐赵一带的名山大川，并在游历的过程中写了很多歌颂大好山河和反映劳动人民疾苦的诗篇。

杜甫成年后，生活十分艰苦。由于他亲眼目睹了唐王朝的政治腐败，以及兵荒马乱中百姓颠沛流离、不能安定生活的痛苦，便一边写作

诗文，一边希望将来能出仕为官，建功立业，但一直没能如愿以偿。

杜甫写下了无数反映时代的、动人心弦的不朽诗篇。在艺术上，杜甫以高度的表达能力继承和发展了自《诗经》以来的优秀的文学传统，形成我国古代诗歌现实主义的高峰。其中如《兵车行》《茅屋为秋风所破歌》、"三吏"、"三别"等许多名篇，皆是人们世代传颂的不朽名篇。

# 白居易

**档案** 白居易（772—846 年），汉族，字乐天，晚年又号香山居士，祖籍山西太原，后迁下邽（今天的陕西省渭南），他的诗歌题材广泛，形式多样，语言平易通俗，有"诗魔"和"诗王"之称。

**名言** 浩荡入溟阔，志泰心超然。

白居易出生于今陕西渭南县。他生长在书香门第，祖父和外祖父都是诗人。

白居易天性聪颖。还不会说话的时候，乳母抱他在屏风前玩。屏风上画满了画，乳母就指着画和题字告诉他这是什么，那是什么，他虽然还不会说话，但是，脑子已经有了记忆。再到屏风前，乳母问他什么，他都能用手准确地指出来。家人都认为这个婴儿是有悟性的，便不断地给他讲故事，念诗。

白居易 6 岁开始上学，读书很认真，先生每教一篇诗文，他不但用功背诵，而且还细细领会其中的含意。因为深受家庭的文化熏陶和影响，他很爱好文学，尤其喜欢诗歌，对古人的名篇百读不厌，不仅读还用笔抄写，兴致来了，还背诵下来。不管是三伏天还是数九严寒，从不间断。有的同学劝他："何必那么用功呢？不要当拼命三郎吧！"他就告诉人家："要学诗，先要背诗，不下苦功怎么行呢？"白居易勤学苦练，学问大有长进。6岁他就开始写诗，到9岁的时候，他就已经懂得声韵，能依照复杂的韵律写格律诗了。他写了诗以后就念给小伙伴们听，有时大人们也来听。因此村子里的人都夸小白居易诗写得好，大家都叫他"小诗人"。白居易想："大家能听懂我的诗就没有白写。如果写的诗，大家都听不懂，那写得再好又有什么用呢？"

于是他每写一首诗就念给村里的人听，有时还专念给一些年纪大的人听。如果别人听不懂，就修改，然后再念一遍，经过反复修改，直到别人听懂为止。大家都说这个办法好。

白居易的诗吸取了大量的民间口头语言，通俗易懂。村里的放牛娃、小姑娘都能背上几首，受到广大劳动人民的喜爱。白居易在15岁时写的一首诗现存在《白氏文集》中。

白居易16岁时来到了长安，有一天，他带着自己的诗去拜见长安名士顾况，希望得到他的赏识和推荐。顾况当时是宰相李泌的朋友，所以身价很高，一般不接见陌生的来访者。白居易一连几次到顾府上求见，都遭拒绝。后来顾况感其心诚才让他进府相见。见面后，他看白居易只是个十几岁的孩子，有点不把他放在眼里的意思。当接过白居易恭恭敬敬递过来的诗稿时，看到卷上署名白居易，就半开玩笑半认真地说："居易，长安米贵，想长期居住在这儿可不太容易呀！"说着他就漫不经心地翻阅起来。看着看着，他便被许多动人的诗句吸引住了，开始对这个孩子刮目相看了。当他翻到《赋得古原草送别》这首五言诗时，不由自主地拍案叫绝，随口便大声朗诵起来。顾况反复吟咏后，连连拍手赞叹道："妙！妙！'野火烧不尽，春风吹又生'，对句工整而流畅自然。有这样的才能，在长安居住还有什么困难？"

顾况十分风趣地对白居易大加赞赏后，又鼓励他一番。白居易得到了长辈的赞赏和鼓励，十分兴奋，大大增强了信心。回家后，他更加发奋攻读，白天读赋作赋，晚上读书，闲时又偷空作诗，连睡觉休息的时间也没有了。由于他太用功了，以至于念书念得口舌生疮，翻书翻得手都长出了老茧。

白居易 24 岁时，父亲不幸病逝。按习俗，在服丧的 3 年内不能参加考试，因此他在 27 岁时才参加乡试。28 岁到长安应试，考中了进士。他成了当时少有的才子。

白居易的名声传开了。可是他立志做一个有真才实学的人，便更加发奋读书，努力写作。功夫不负苦心人，白居易终于成了唐代的伟大诗人。他一生写过 3000 多首诗，其中《长恨歌》《琵琶行》都是很有名的不朽之作。《与元九书》是他诗论的纲领，是我国文学批评史上的重要文献。

白居易的不朽诗篇一直被人们世代传诵着，他的诗还被翻译成多种文字，流传到世界各地，同样受到各国人民的赞扬。

# 欧阳修

档案　欧阳修（1007—1073 年），字永叔，自号醉翁，晚年号六一居士，谥号文忠，世称欧阳文忠公，汉族，吉安永丰（今属江西）人，自称庐陵人，北宋时期政治家、文学家、史学家和诗人。与韩愈、柳宗元、宋代王安石、苏洵、苏轼、苏辙、曾巩合称"唐宋八大家"。

**名言** 必先知政弊之因，方可言变法之利。

**欧**阳修出生于江西吉安县。他的父亲曾当过几任州郡佐僚，对欧阳修的要求是比较严格的。但是，欧阳修 4 岁时父亲就去世了，母亲带他到随州投奔做官的叔父。虽说是亲叔叔，但是寄人篱下，母子俩的日子并不是很好过。

母亲为了让欧阳修长大能重振家业，对他的教育也很严格。母亲常常用古人刻苦读书的故事来启发教育他。欧阳修看到村子里的小孩子们背着书包上学读书，便对母亲说："送我去读书吧，我要上学。"母亲为节俭开支，克服没有能力买纸笔墨砚的困难，亲自用芦苇、木炭作笔，在土地或沙地上教欧阳修认字。每次总是她在地上先写出一个字，再教欧阳修先读，然后写，反复多次，直到欧阳修会默写为止。两年后，欧阳修已经能认识几千个字了。随着年龄的增长，他的知识也越来越丰富。

一天，母亲把他叫到面前，对他说："儿呀，看着你越来越有出息，我心里十分的高兴。只是我觉得不能再教给你什么了。今后要靠你自己学习了。儿啊，你要好好努力，不要让母亲失望。"欧阳修含着热泪跪在母亲面前，说："您放心吧，我一定努力学习，长大后报效国家，绝不辜负您的期望。"

欧阳修很懂事，懂得母亲的艰辛，为此读书很用功。但是要读书，就得买书，买书就需要钱，家里没有钱，也不愿意张口向叔叔要钱。怎么办呢？只好借，于是，他就向别人借书来读，只要借到一部好的书，就不分昼夜地抄下来，在约定归还的日子，把书如期归还给主人。他要求自己把好的文章背下来，能默写。母亲有时给他讲解，以加深他对诗文的理解。

他喜欢读古诗，从《诗经》到唐宋名篇，都能背诵。他读的书多，背的文章多，理解也深刻，因此写起诗和作起文章来既快又好。就这样，欧阳修靠自学积累知识，丰富自己的学识。

有一次，他把写的文章拿给叔叔看，叔叔问他："你写诗和做文章都是既快又好，有没有什么诀窍呢？"欧阳修说："没有什么诀窍，就是要靠多看、多作、多思考。"欧阳修10岁的时候已经能写出十分精致的诗歌，并受到许多文人的称赞。他也因此名声远扬，有不少人慕名跑来求教、比试。

一天，欧阳修从外地回家，刚刚乘上船，就跑来了两个人，问他"这船经过欧家庄吗？"船家应答："经过，有什么急事吗？"其中一个人说："听说欧阳修小小的年纪就有了诗名，我们要去跟他比试比试，非把他比下去不可！"欧阳修一听便说："听说他还挺厉害呢，我们还是先练习练习吧。"一个人说："有道理，你先出个题听听。"欧阳修说："就以那棵枇杷树为题吧。"这个人马上就说："第一句：一棵枇杷树。"另一个人接着说："两个大丫杈。"可是第三句和第四句，他们两个推来推去，却说不上来了。于是便对欧阳修说："小老弟，你会做诗吗？来，也接两句。不行的话，我们可以指点指点你，怎么样？"于是欧阳修就马上说："未结黄金呆，先开白玉花。"于是他们两个人说："嗯，还可以。"一个人又开始说："船抵欧家庄。"另一个人接着说："去见欧阳修。"欧阳修立刻接："欧阳本识黄金呆，先开白玉花。"于是他们两个人说："嗯，还可以。现在我们三个人一起联诗，你专管三四两句，联好了我们跟欧阳修赛诗去。"于是一个人便说："岸上一群鹅。"另一个接着说："双双跳下河。"欧阳修随便用两句现成的诗应对："白毛浮绿水，红掌拨清波。"一个人又开始说："船抵欧家庄。"另一个人接着说："去见欧阳修。"欧阳修立刻接："欧阳本识你，恐你不识修。"欧阳修吟完，头也不回地走了，把两个"诗人"丢在那里。他俩面面相觑，不知所措。

欧阳修经历了各种的磨炼，成熟起来，影响大了，知名度提高了。但他还是继续刻苦地学习，终于成了有名的文学家和诗人。他的诗文语言流畅、婉丽，因此被列为"唐宋八大家"之一。

欧阳修还曾和宋祁合修《新唐书》，并独撰《新五代史》，对中国文学作出了出色的贡献。

# 陶渊明

**档案** 陶渊明（约365—427年），字元亮，号五柳先生，谥号靖节先生，入刘宋后改名潜。东晋末期南朝宋初期诗人、文学家、辞赋家、散文家。东晋浔阳柴桑（今江西省九江市）人。

**名言** 种豆南山下，草盛豆角稀。

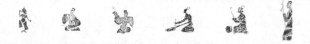

**陶**渊明生于公元365年，是中国最早的田园诗人。陶渊明生活的时代，朝代更迭，社会动荡，人民生活非常困苦。

公元405年秋天，陶渊明为了养家糊口，来到离家乡不远的彭泽当县令。这年冬天，他的上司派来一名官员来视察，这位官员是一个粗俗而又傲慢的人，他一到彭泽县的地界，就派人叫县令来拜见他。

陶渊明得到消息，虽然心里对这种假借上司名义发号施令的人很瞧不起，但也只得马上动身。不料他的秘书拦住陶渊明说："参见这位官员要十分注意小节，衣服要穿得整齐，态度要谦恭，不然的话，他会在上司面前说你的坏话。"

一向正直清高的陶渊明再也忍不住了,他长叹一声说:"我宁肯饿死,也不能因为五斗米的官饷,向这样差劲的人折腰。"他马上写了一封辞职信,离开了只当了80多天的县令职位,从此再也没有做过官。

从官场退隐后的陶渊明,在自己的家乡开荒种田,过起了自给自足的田园生活。在田园生活中,他找到了自己的归宿,写下了许多优美的田园诗歌。他写农家人生活的悠然自得:"暧暧远人村,依依墟里烟",他写自己劳动的感受:"采菊东篱下,悠然见南山",他也写农人劳作的甘苦:"种豆南山下,草盛豆苗稀""不言春作苦,常恐负所怀"。

然而,田园生活既是美好的,也是十分艰辛的,不劳作就没有收获,遇到天灾人祸,即使劳作也是一无所获。晚年的陶渊明生活贫困,特别是一场大火把他的全部家当毁于一旦之后,全家人的生活更是雪上加霜。到63岁时,陶渊明在贫病交加中去世。

陶渊明的最大成就,在于他以自己的亲身体验为基础,以自己卓越的诗歌才华,极大地丰富了农事和田园题材的创作。以前诗中罕见的桑、麻、鸡、狗等平凡事物,一经他写入诗中,无不生趣盎然;而他描写大自然的亲切,常常能激起人们的无限向往。

除诗之外,他还给后人留下不少精美的散文,其中最著名的有《桃花源诗并记》等。在这篇作品中,作者描绘了一个乌托邦式的空想社会,在那里没有动乱,没有朝代变更,没有国家君臣,没有徭役赋税,百姓过着丰足、与世无争的美好生活。作者以优美的语言,使这篇作品产生了永久的魅力,以至后世人们一直把这种空想的社会称作"桃花源"。

官场中少了一位官僚,文坛上多了一位文学家。陶渊明"不为五斗米折腰"的故事,成为中国知识分子刚直不阿、不附势趋炎的写照。在日常生活中,如果一个人不愿意牺牲自己的气节去换取某种物质利益,也常常说"不为五斗米折腰"。

# 曹植

**档案** 曹植(192—232年),三国时魏国诗人,文学家。沛国谯(今安徽省亳州市)人,字子建,是曹操与武宣卞皇后所生第三子。后世将曹植,与其父曹操,其兄曹丕,合称"三曹"。

**名言** 燕雀戏藩柴,安知鸿鹄游?

**曹**植曹操的第三个儿子。曹植从牙牙学语起,就开始学诗诵文。他自幼聪慧伶俐,才思敏捷,性格活泼,桀骜不驯。史载小曹植在10岁时就能背诵数十万言的诗赋,而且写出了大量的诗歌和各种体裁的文章。

由于父亲曹操经常在外征战,很少了解三儿子曹植的学习情况,所以每次听到别人称赞曹植的智慧和才华时,总是半信半疑。这一日曹操外出征战回到邺城,又听到有人称赞曹植,便把曹植叫来说:"不少人都在称赞你的诗文写得好,去拿些来让我瞧瞧!"曹植知道父亲的文学造诣很深厚,要求也甚严格,便立即挑选了一批自己比较满意的作品拿去。曹操看了之后,不由得大吃一惊,他想:曹植今年才十二三岁,能写出这么好的诗文么?说不定是抄袭来的吧?想到这里,曹操便故作动怒的样子说:"你小小年纪,会撒谎了?你这些文章,是不是别人替你作的?是谁替你作的?快快如实说来!"曹植笑着说:"父王说哪里话,儿子作文赋诗,向来是有所思而有所就,怎么会找人替作呢？即使作品能替，文中所表达的感情能替吗？放心吧，这些都是孩儿的作品，父亲如不相信，可当面测试嘛！"曹操见曹植回答得如此坦然自若，也就深信不疑了，他越发从内心喜欢曹植的才华。

公元 210 年冬，铜雀台落成，曹操登台设宴，大会群臣。为了活跃宴会的气氛，他让武将当场比武，文官即席赋诗，各显其才。他的几个儿子以为今日父王不会点他们的将，便放量豪饮。不料，在宴会即将结束的时候，曹操突然对他们说："我现在令你们几个，以台为题，各作一赋，为台增辉。"当时曹丕等人毫无思想准备，正在冥思苦想的时候，曹植一挥而就，呈上了一篇《铜雀台赋》。曹操看后，感到曹植所作《铜雀台赋》，不但构思精巧高人一筹，更以词美句绝而使他的几位兄弟望尘莫及。从此，曹操对曹植就另眼相看了。这时，曹植只有17 岁。

曹丕继位以后，为了消除曹植的势力，找了种种借口诛杀了曹植的好朋友丁仪、丁翼兄弟，凡与曹植亲近的人都受到了迫害。为此曹植内心非常痛苦，经常自恨无力救助朋友。一天，他在郊外看到一个少年用剑斩断罗网，救出黄雀，颇有感触，写了《野田黄雀行》抒发自己无力救助朋友们的悲愤心情。

曹植的聪明才智也一直是曹丕的后顾之忧。因此除了想方设法加害于曹植的朋友们消减曹植的势力和影响外，还处处排挤、打击、压制曹植，甚至想把他置于死地。

一天，曹植被曹丕派来的侍从急召进宫。他跨进大殿时，就觉得气氛不对。只见魏王拉长了脸端坐龙椅之上，群臣排列两旁，颇有杀气腾腾之势。曹植赶忙跪拜，行过大礼之后，便恭恭敬敬肃立在一旁。曹丕冷若冰霜地问："近来你作诗撰文吗？"曹植答："偶尔弄点笔墨，但无甚进步。""朝中文武百官都说你才思敏捷，才华横溢。先父在世之时，你常以文章夸示于人。我一直怀疑你的诗文是由你手下的才子代作的。今天要当众请你作诗一首，以正视听。如果你能做出来，可免一死；如果你作不出来，就要从重治罪，绝不姑息宽恕！"曹丕凶狠地说。"遵命，请出题目。"曹植依然是十分恭敬地说。你我是兄弟，就以兄弟之情作一首诗吧。不过有两个条件："一是诗中不准出现兄弟的字样，但又必须叙述兄弟之情；二是你只能在殿内走七步，必须在七步之内完成诗作。如果在七步之内完不成，便立即推出斩首！"魏文帝曹丕一字一句地说。

曹植万万没有想到自己一奶同胞的亲哥哥会这样做，名为作诗试才，实为要他性命。一时悲愤交加，边想边走，还没有走到七步，就吟咏出一首千古不朽的名诗："煮豆燃豆萁，漉菽以为汁。萁在釜下燃，豆在釜中泣。本是同根生，相煎何太急！"曹植此诗刚吟完，殿内群臣脱口称赞："好诗！好诗！"曹丕听到这首诗，心中也不免受到强烈的触动。因为曹植这首诗显然是在借物咏志，目的在于讽刺、抨击自己的无情。

这首诗的意思是说豆和豆秸本来就都是同根生出来的，正如曹丕和曹植乃是一母所生的同胞兄弟。如今豆萁在锅下无情地熊熊燃烧，豆子却在锅里面备受煎熬，这不正像曹丕对曹植不顾兄弟之情，逼迫兄弟作诗一样吗？可是这样做的结果是什么呢飞还不是豆萁烧尽，豆儿煮烂，两者同归于尽吗？因此魏王的鼻子一酸，流下了几滴惭愧的泪水。他把曹植贬为安乡侯，打消了杀曹植的念头。

曹植自被贬之后，封地一改再改，有其名而无其实，东奔西走，生活极不安定。他意志沮丧，消沉颓废，只得沉溺于酒醉之中。他寄情于诗，写了很多感情充沛、情真意切的诗作，成为建安时期的著名诗人和作家。

# 苏轼

**档案** 苏轼(1037—1101 年),字子瞻,又字和仲,号"东坡居士",世人称其为"苏东坡"。汉族,眉州(今四川眉山,北宋时为眉山城)人,祖籍栾城。北宋著名文学家、书画家、词人、诗人、美食家,唐宋八大家之一。

**名言** 比身泰山重,勿作鸿毛遗。

**苏**轼出生在今四川眉山县的一个书香门第之家。父亲苏洵是北宋颇有成就的、著名的文学家,家中藏书很多;母亲也是一位有文化修养的妇女。他家有"门前万竿竹、堂上四库书"之美誉。

四川是文人荟萃之地,曾有"天下诗人皆入蜀"的美称。苏轼的家乡眉山既有奔流不息的岷江,又有峥嵘的群山,是江山灵秀汇聚之地。环山抱水,风景秀美的地理环境和良好的文化气氛,对苏轼的影响都是很大的。这不仅孕育了苏轼的聪慧和灵秀,而且也养成了他既洒脱、豪放,又稳重、热情的个性。

父母的引导使苏轼自幼喜爱读书学习。很小的时候,母亲就开始亲自教他认字读书,还常给他讲故事。稍懂事的时候,父亲就是他最好的老师,给他讲经论道。因此苏轼 7 岁时就精读"四书五经";8 岁开始学诗,对欧阳修、范仲淹的文章十分崇拜;10 岁能文,并且出口成章,一再得到亲朋好友们的夸奖。

有一次,在花园里,父亲吟了两句诗:"轻风细柳,淡月梅花。"苏轼听了说："父亲，这真是一首好诗呀！"父亲说："轼儿，这算不得好诗，要是在每句中加上一个很妙的字，那才会变成好诗呢！你想想，加上什么样的字好呢？"苏轼想了一下，就说："前句加上一个'摇'字，后一句加上一个'映'字。就成了：轻风摇细柳，淡月映梅花。"父亲摇摇头，说："太一般了，不好。"苏轼又想了想，很快说："有了，改成'轻风舞细柳，淡月隐梅花。'"父亲听了说："意思是出来了，不过用字太熟，也不好。"苏轼又说："父亲，那你说用什么字好呢？"父亲沉思了片刻，说："这样吧，你晚上睡觉时好好想想，再想不出来，明天要打你屁股啦！"这天晚上，苏轼翻来覆去思索着，睡不着。天亮了，苏轼老早就爬起来，跑到父亲的房间里对父亲说："父亲，那两个字我想出来了。一个是'扶'字，一个是'失'字。成为："轻风扶细柳，淡月失梅花。"父亲说："妙！这'扶'字不只写丁杨柳柔弱的形态，还写出了轻风绵绵的情意；这'失'字更妙，写出梅花、月色溶在一起，没法分辨的情景。"

得到了父亲的夸奖，苏轼心里美滋滋的。不久，父亲要外出游学，苏轼和弟弟苏辙就拜张易简为师，继续学习。苏轼努力读书，几年下来，便把家中和眉山所有的书都读遍了。于是他觉得自己很了不起。

有一天，他在自家的大门柱上贴了一副对联，上联是：识遍天下字，下联是：读尽人间书。横批是：周游天下。他每天进出家门时都要在这副楹联前站立一会儿，每读一遍，脸上就会出现欣喜的笑容。有一天，他家大门口站着一位老人，手里拿着一根拐杖，仔细看苏轼写的这副对联。一面看，一面不住地摇头。这时，苏轼正好从外面回来，看到门口站着一个像是读书人的老者，但衣服十分的破旧，也就没有理他，径直向大门走去。那老人看到苏轼没有理他，就赶紧走到苏轼的面前，指着对联说："相公，这副对联是你写的吗？"苏轼笑了笑，说："是。"那老者又问："这么说，相公是无书不读，无字不识的了？"苏轼又笑了笑，说："是。"这时老者从袖筒里抽出一本书来，恭恭敬敬地递给苏轼，说："我这里有一本书，读不懂，正想向相公求教呢！"苏轼不以为然地从老者手中接过书来,只翻开第一页,就有许多字不认识,再翻几页,十之八九的字都不认得,翻着翻着,苏轼的汗就从额头上冒出来了。他手捧着这本书,再看这位老者时,觉得他气宇轩昂,有一种特殊的风骨,不像是穷酸的书生。他心想:"这一定是一位高人。我得拜他为师。"想到了这里,他连忙抢步上前,吩咐家人大开正门,然后恭恭敬敬地请老者到客厅上座。他让家人泡上一壶好茶,亲自为老人献茶,然后又恭恭敬敬地跪在老者面前,要求拜老者为师。那老者笑呵呵地说:"山野小民,无知无识,哪里能当'无书不读,无字不识'的相公的老师呀!"苏轼在地上叩了几个响头,说:"学生才疏学浅、妄自尊大,真是太不自量了。请老师谅解。"那老人在苏轼的家里住了几个月,不但使苏轼的学业有很大长进,而且使他真正懂得了"天外有天,人外有人";懂得了"学无止境的道理"。等老人走后,苏轼在原来的杉联上又加了四个字:上联:发奋识遍天下字,下联:立志读尽人间书。横批:学无止境。

　　苏轼不仅勤奋好学,而且兴趣广泛。一天,刚下过一场细雨,窗外翠竹郁郁葱葱,令人赏心悦目。他想画下来,可是几次提笔,都无从下手。偏巧,这时表哥文与可来了,他是个画竹的高手。表哥说:"这样奇妙的竹景,你怎么不把它画下来呢?"苏轼说:"表哥,你是画竹的专家,我正想画竹子,但是不知从何处下手。现在请你来教我画墨竹吧!"表哥文与可也不推辞,对着窗外绿竹一阵凝思,随即挥笔飞舞。不一会儿,一幅千姿百态的墨竹画成了。苏轼说:"表哥,你画得这样好,有什么奥妙呀?"表哥文与可说:"有什么奥妙呢? 不过多看多想多练罢了。下笔之前,必须多看,在胸中酝酿出竹子的形态和形象来,当这个形象出现时,你就马上动笔……画竹子要画出神韵来。"苏轼听了表哥的话就说:"这叫成竹在胸啊!""对! 对! 是胸有成竹!"

　　从此,苏轼在看书研读和写作之外,又加紧练习书画。按表哥所说的,他时刻注意观察周围景观,勤学苦练,功夫不负苦心人,终于成了著名的书画家。

苏轼从小就立下了雄心壮志，长大要干一番轰轰烈烈的事业。他发奋读书，对历代的诗词歌赋、诸子百家的书，看到就读。苏轼不仅在家用心苦读，而且还走出家门，常常步行数百里向高人求教，广泛涉猎各种典籍，寻求处世之道和治国之本。

苏轼21岁就考取了进士，在诗、词、散文、书法、绘画等领域都取得了巨大成就。他与父亲苏洵、弟弟苏辙，被合称为"三苏"，自己还被列为"唐宋八大家"之一。

# 吴承恩

档案 吴承恩（1501—1582年），字汝忠，号射阳山人。汉族，淮安府山阳县（今江苏省淮安市楚州区）人。中国明代杰出的小说家，是四大名著之一《西游记》的作者。

名言 明人不做暗事。

**吴**承恩出生在江苏，父亲从他两三岁开始，就教他读诗学经；当他长到6岁时，便送他去私塾读书了。吴承恩在父亲的言传身教下，学习格外刻苦用功，成绩在学校也是数一数二的。但是，正当他学业日进的时候，父亲却不幸去世了。在这困难关头，私塾先生感到自办学以来，吴承恩是他最得意的弟子，舍不得让他失学，便说服他的母亲,并表示自己只收一半学费,让吴承恩继续念书。

从此,吴承恩学习更加刻苦认真了。到了十多岁的时候,他已能诗会文,而且写得一手好字,在村中成了有名的小才子。乡亲们遇有婚丧嫁娶之事,都要找他去写祭文、请帖和对联,老师为此感到很是光彩。

附近村中有个叫张皇兴的粮店老板,因大斗进,小斗出,克扣百姓而发了财。他准备扩大经营,来找吴承恩,要他以自己的名字写副对联,以宣扬自己。吴承恩知道,周围几个村子里的百姓对张皇兴的贪婪欺诈十分痛恨,就决定利用这次机会惩治他一下,于是提笔为他写了副对联:皇兴大粮行,慈夙楚城扬。横批:去四首。张皇兴虽认识几个字,却不懂诗文,一看上联有自己的名字,便已乐昏了头;又一看下联,把楚战场也搬来了,就更加乐不可支了。他一时高兴,便送给了吴承恩十两银子。可巧第二天,外地一位学者路过此地,看到这一副对联不由得笑了,悄悄向村中一位老人问道:这对联是谁给他写的?"老人说:"是一个叫吴承恩的孩子,今年11岁,写得不错吧?"那学者一听,惊奇地说道:"十多岁的孩子? 真是个神童啊! 其才华自不必说,单这骂人一招,就是一般人难以想象得到的!"老人听他这么一说,有点懵了,问道"先生,此话从何说起?"那学者把老人拉到一旁问道:"这粮店老板平时可能名声很不好吧?"老人点点头。学者指着横批道:"看到了吧,去四首。就是说,把这副对联前四个字的字头拿掉,对联的意思不就变了么?"老人琢磨着,在手心中画了画,这副对联竟变成了:王八大粮行,心歹楚城扬。老人不由哈哈大笑道:"去得好,去得好!"

随后,这事便传开了,只瞒着张皇兴一家人。吴承恩神童的美称,从此也被传得越来越远。

自从父亲去世后,吴承恩家中的日子不好过。但是,母亲却是个很有志气的妇女,无论经济上多么困难,她都要供儿子读书,决心把他培养成才。她拼命地为人纺线织布，拆洗缝补。长期辛苦劳累，终于把母亲累倒了。吴承恩望着母亲那枯瘦的身板，憔悴的面孔，深陷的眼睛，无力的双手，心中难过极了。家中没钱，拿什么给母亲买药治病？

先生知道了，深表同情，当即送来了几两银子，让吴承恩给母亲买药治病，并批准他暂不去上学，让他一边在家自学，一边精心侍候母亲，先生定期来给他补课。

对先生送来的钱，母亲一分也不让用，并对吴承恩说："先生免掉一半学费，让你继续上学，这就已经对我们有莫大的恩德了，怎么好再花他的钱？"

听了母亲的话，吴承恩哭了，母亲也流出了眼泪。一个偶然的机会，吴承恩出去提水，听到了一个有趣的故事，回来后，给母亲讲了一遍。这是一个善恶因果报应的故事，母亲听后，高兴地对吴承恩说："好人有好报，恶人有恶报。我们家几代人与人为善，才使你在家中最困难的时候，遇到像先生这样的好人相助啊！"吴承恩若有所思地点点头。然而，就在这一刹那间，吴承恩意识到：母亲一听故事，竟有精神了，说话也有力气了。啊！讲故事能治病。于是，他又把自己过去听到的故事，书中看到的故事讲给母亲听。吴承恩把父亲生前不让他读的书找了出来，自己先看一遍，然后讲给母亲听。说来也怪，母亲听了这些故事，精神的确越来越好，有时竟哈哈大笑。奇迹终于出现了，母亲的病竟然不治而愈。

吴承恩又去上学了。他除了学习经书，还有多种爱好，他对诗、词、赋、曲无所不读，尤其爱读神奇故事和民间传说。年终亲戚朋友们给的压岁钱，他一分一文也舍不得花，都去市场买了那些稗官野史和笔记小说之类的书，往往一看起这些书来，就忘了吃饭和睡觉；一旦看到有趣的地方，不是自言自语地叫好，就是高兴得手舞足蹈。有一次放学后，别的学生都回家了，他还在学堂里读书。先生发现后，对他说："天黑了,快回家吃饭去吧! 回去晚了,你母亲会着急的。"吴承恩竟然没有听见,继续读书。先生又说一遍,吴承恩依然没吱声。先生心想,这孩子读书太专心了,喊了他两次都没有听见,便走到他面前,发现吴承恩读的并不是经书,而是一本野史时,不由得一把从他的手中将书抢了过来,大声呵斥说："这是你看的书么? 你真太让我失望了! 今后若再看这类的书,就不要来上学了!"吴承恩还不服气,低头说："这是讲故事的书,又不是什么坏书!"先生更加严厉地说："那也不行,会影响学经书的!"没办法,吴承恩只好认了错。

父亲在世的时候,曾经有一个晚上,吴承恩学完了功课,拿出故事书读,结果读到高兴处,竟哈哈大笑起来。熟睡的父亲被惊醒了一看天已经快亮了,心想:"这孩子天天如此用功,怕不是累得神经出了毛病吧。"他急忙披上衣服去看一看,却发现吴承恩看的竟是一本笔记小说,便一把夺了过来,气得骂道:"天天睡得这么晚,光看这样的书么? 读这样的书,将来能使你做官么? 不成才的东西!"经母亲竭力劝阻,父亲才没有打吴承恩。尽管如此,吴承恩爱看神奇故事的嗜好却始终没有改,而且一发不可收拾。后来,为了不使先生生气,不让父母失望,他就在路上、在厕所里、有时在被窝里边看书。

由此可见,吴承恩小的时候读故事书,的确入了迷。这些故事,为他后来创作《西游记》提供了丰富的资料。

吴承恩长大后,做过贡生,曾任浙江长兴县丞;但没过多久,终因看不惯官场的尔虞我诈而辞官回乡。他回乡后,博览群书,做诗填词,为创作《西游记》开始了各方面的准备工作。

吴承恩为了写活孙悟空这个主要人物,在游历名胜古迹时,曾经到过云台山的青峰顶。在这里,他听到了一个石猴精吃蟠桃的故事,大感兴趣,于是到处询访石猴的来历。

吴承恩不辞辛苦,穿过松林,绕过山涧,观看满山的花果,钻进了大大小小七十二个洞;到了晚上,他便在一个叫三元宫的大庙里开始了《西游记》的构思。

吴承恩把云台山青峰顶取名为"花果山"，把七十二洞中最大的一个洞叫做"水帘洞"。于是乎，一个神通广大的孙悟空，便有了名山名洞。从这时起，孙悟空在吴承恩的笔下，开始了它波澜壮阔的一生。吴承恩把孙悟空写成主人公，体现了作者要扫荡当时腐朽社会上的妖魔鬼怪的政治理想，通过神话幻想的艺术形式，使人们喜闻乐见。《西游记》也因此成了举世闻名的不朽之作。

# 曹雪芹

档案　曹雪芹(1715—1763年)，名霑，字梦阮，号雪芹、芹圃、芹溪，先世本来是汉人，后来成为满洲正白旗"包衣"。清代小说家。他在人生的最后几十年里，以坚韧不拔的毅力，历经十年创作了《红楼梦》并专心致志地做着修订工作，死后遗留下《红楼梦》前八十回的稿子。

名言　假做真时真亦假，无为有处有还无。

**曹**雪芹生于贵族之家，显赫一时。康熙6次南巡，4次由曹雪芹的祖父曹寅接驾，并以江宁织造府为行宫。曹雪芹在这种繁华中生活到十二三岁。

康熙驾崩后，曹家作为其亲信被新皇帝列为政敌。雍正四年

（1726年）曹家被抄，年仅14岁的曹雪芹随家人到京，乾隆三年（1738年），曹家遭到了一次毁灭性打击，彻底败落。从贵族子弟变为破落户，这当中，曹雪芹看清了世人的面目，他到处受到歧视。据说，乾隆二十年，他住在健锐营正白旗的时候，连日阴雨使房屋倒塌了，人们因为他是被抄了家的人，都不愿伸手帮忙。

在命运的无尽颠簸中，曹雪芹身世如转蓬。40岁前后，他流落到北京西郊傍西山的荒村，栖身于"蓬牖茅椽"之下、"绳床瓦灶"之旁。曹雪芹工诗善画，早负盛名，朝中巨室，多有求购，他虽贫困，然非其人，即使重酬也不应。史部侍郎董邦达对他颇为欣赏，聚会时即席为曹雪芹的《南鹞北鸢考工志》题签，后又为此书写序，据说他曾推荐雪芹到画苑供职，即为皇家作画。但曹雪芹以自己"有志归完璞，潇洒做顽仙"为由拒绝，依旧写他的《红楼梦》。曹雪芹的朋友张宜泉为此写诗赞道："爱将笔墨逞风流，庐结西郊别样幽。门外山川供绘画，堂前花鸟人吟讴。羹调未羡青莲宠，苑如难忘立本羞，借问古来谁得似，野心应被白云留。"诗中的"青莲"指李白，他曾得到皇帝亲手调羹的荣宠，"立本"指唐代名画家阎立本，他是供奉内廷的宫廷画家。相传一日太宗和众多侍臣学士泛舟春苑，忽然看见池中有一只异常美丽的鸟，太宗立刻宣阎立本作画。当时阎立本已是本爵郎中了，急匆匆地跑来，伏在池边，周围的侍臣学士都坐着看他，他感到莫大的耻辱，回去告诫他的儿子不要学画画了。

曹雪芹的祖辈为皇帝家奴，却落得凄惨的结局，这使他拒绝与皇帝合作。

在封建社会敢于和官方对抗，表现了曹雪芹的勇气和不屈精神。

据《记盛》载，有一老妇白妪，丈夫儿子相继死去，双目失明，生活濒临绝境。恰好曹雪芹路过，就给她治眼睛，后来她竟渐渐看清东西了。为感谢曹雪芹，她将家里的树送给曹雪芹盖房子。屋成后，曹雪芹将白妪安置在一间屋里，两人相依为命，共同生活，很多朋友到曹家都看见白妪。

曹雪芹平生饱经磨难,半百时又遭到人生一大打击——儿子不幸夭折。他哀痛成疾,又贫病无力就医,竟一病不起,在除夕夜悲惨地死去。他的诗友张宜泉,在他死后来到其故居,看到的是宅畔长满荒草,映照在西山残阳之下,令人倍感凄凉。他看到曹雪芹的遗物,除了一束束的文稿和绘画作品以外,就只剩裹在坏囊里的素琴和躺在破匣里的长剑。

这位世界文坛巨匠,活着的时候,穷困潦倒,半生漂泊;死耐默默无闻,不到 50 岁。

# 老舍

**档案** 老舍(1899—1966 年),原名为舒庆春,字舍予,满族(正红旗),中国现代小说家、文学家、戏剧家。因作品繁多而获得"人民艺术家"的称号。

**名言** 看生命,领略生命,解释生命,你的作品才有生命。

**老**舍出生于北京一个贫困市民的家庭,他的父亲是一名满族的低级军官,葬身于抵抗八国联军的炮火中,当时老舍仅有一岁半。此后,他的一家靠母亲为别人洗衣裳缝活计过日子,过着非常清贫的生活。老舍很小就懂得愁吃愁喝,以致他长大了,总是一闭眼,眼前就能浮现出受苦受累的可怜的老母亲的形象。所以他自觉地和穷人站在一起,同情他们,怜悯他们,为他们鸣不平,成为他们的代言人。

老舍的童年是在贫困和丧父的痛苦中度过的,他总是帮助家里忙这忙那的,没人想起要他读书的问题。老舍虽然很羡慕别的小孩子可以读书,但他知道自己要求了也没用,所以只好把这个愿望藏在心里。有一天附近有名的好人——刘大叔偶然来了。刘大叔乐善好施,一心向佛,看见老舍母子孤苦,就时常帮助他们。

一进门,他看见了老舍,突然若有所思地看着老舍问老舍的母亲:"孩子几岁了?上学没有?"老舍的母亲说:"穷人的孩子怎么能念得起书啊!"母亲回答完,刘大叔马上决定:"穷人的孩子也要念书。明天早上我来带他上学,学钱、书籍,大姐你都不必管!"老舍一听自己可以上学了,激动的心怦怦跳,这可是羡慕了好久的事情啊。连忙大声说:"谢谢刘大叔。"老舍的母亲也非常感激刘大叔。

第二天,老舍背着母亲给他新做的书包,忐忑不安地跟在刘大叔的后面来到学校。学校是一家改良私塾,在离老舍家有半里多地的一座道士观里。老舍进教室一看,学生都面朝西坐着,一共有 30 来人,西墙上有一块板,是"改良"私塾。老师姓李,一位极死板而极有爱心的中年人。刘大叔和李老师在一边说了一阵,而后教老舍拜圣人及老师。最后李老师递给他一本《地球韵言》和一本《三字经》。就这样,老舍念上了书。

老舍知道自己的学习机会来得不易,所以每天起早贪黑地学习。他也很感激刘大叔。老舍一生中好善乐施、同情穷人的品质都是以刘大叔为榜样。1912 年,小学毕业的老舍考入市立祖家街第三中学,即现在的北京三中。1913 年夏季,老舍因家贫又考入食宿、书籍都免费的北京师范学校,从此以后改变了命运。

# 鲁迅

**档案** 鲁迅（1881—1936年），浙江绍兴人，原名周树人，字豫山、豫亭，后改名为豫才。伟大的无产阶级的文学家、思想家、革命家，是中国文化革命的主将。也被人民称为"民族魂"。

**名言** 哪里有天才？我是把别人喝咖啡的工夫，都用在了学习上。

鲁迅出生于绍兴都昌坊口一个封建士大夫家庭，7岁启蒙，12岁就读于三味书屋，勤学好问，博闻强记，课余喜读野史笔记及民间文学书籍，对绘画艺术产生浓厚兴趣，自此打下坚实的文化基础。他不囿于四书五经，多方寻求课外读物，努力掌握历史文化知识。绍兴的悠久历史和灿烂文化，特别是众多越中先贤的道德文章，给鲁迅的思想以很大的熏陶和影响。鲁迅少年时代，祖父因科场案下狱，父亲病故，家道从此中落。鲁迅由一个封建士大夫大家庭的长房长孙，变成了一个破落户子弟。家庭所遭受的一系列重大变故，使少年鲁迅饱受人间冷暖，世态炎凉，看到了"世人的真面目"，认识到封建社会的腐朽和没落。鲁迅母亲鲁瑞，农民的女儿，品格高尚，对鲁迅影响很大。

鲁迅小时候，经常住在外婆家——绍兴皇甫庄。他天真烂漫，喜欢和村里的小伙伴做游戏、爬树、捉麻雀……更喜欢和鲁六一、七斤、双喜、阿发等小朋友们一块儿看社戏。

这一年，皇甫庄来了一个外地的戏班子演戏。开始演戏的那天，村子里很热闹,有的人摇着乌篷船,有的人步行数十里,从四面八方涌来,站到戏台前、挤在船头上、立在河岸上,兴致勃勃地前来看戏。戏台的一半搭在船头,一半搭在水上。开演前,扮演"小鬼"的人突然病倒。缺少一个"小鬼"的角色,戏就不能开演。怎么办呢?戏班子的人只好决定临时在村中挑选一个小孩来顶替。当时人们一听要挑人去演戏都很高兴,尤其是小伙伴们,个个都希望能选上自己。但是,当知道要演的角色是个"小鬼"时,大人们就不愿意了。当地有个迷信的说法,认为演"小鬼"的人会被鬼魂缠住,会生病,甚至会有生命的危险,大人们都不让自己的孩子去扮演。戏班的人十分着急。就在这时,站在一边的少年鲁迅自告奋勇地说:"让我来试试吧。"外婆也迷信,坚决不让去,还对鲁迅说:"你不能去演。听人家说,演了鬼的人天不亮回家,鬼魂附在身上,要遭灾惹祸的,还会生大病,甚至要死的。"鲁迅摇着外婆的手说:"不嘛,我要去,我要去。我才不相信有鬼呢! 都是骗人的。"外婆说不过鲁迅,只好让鲁迅去扮演"小鬼"了。

鲁迅经过化妆,扮了"小鬼"。他和"大鬼"、"二鬼"、"男鬼"、"女鬼"们一起手拿着旗帜、刀枪,敲着锣,打着鼓,跳呀、蹦呀地表演着。这些"鬼"还直奔坟墓,转了几圈,意思就是邀请野鬼一起来看戏。鲁迅胆子特别大,演得很像,看戏的人们不断地给他喝彩、鼓掌。社戏看到半夜时,小鲁迅累了,他一点也不害怕,回家睡觉了。

第二天一大早,他起来,安然无恙,根本没有发生什么不吉利的事。他兴冲冲地走进外婆的卧室,说:"外婆,你看我不是好好的嘛,准说要生病,要死的? 你不要再相信那些骗人的说法。"外婆听了,呵呵直笑:"你这孩子真淘气,还来开导我呢!"

1898 年春,鲁迅离开故乡,满怀人生新的希望,考入了南京江南水师学堂,翌年,因不满学堂的"乌烟瘴气",改入江南陆师学堂附设的矿务铁路学堂。他广泛接触西方自然科学和社会科学,阅《时务报》,看《天演论》,深受维新思潮和进化论学说的影响,初步形成"将来必胜于过去，青年必胜于老人"的社会发展观。

1902 年，鲁迅以优异的成绩毕业，被官派赴日留学。他先入东京弘文学院学习日语，后入仙台医学学校专门习医。因深受资产阶级民主革命浪潮的影响，积极投身于反清革命的洪流之中，课余"赴会馆，跑书店，往集会，听讲演"，立下了"我以我血荐轩辕"的誓言。1906 年，鲁迅在事实面前，有感于国内同胞的愚弱，认识到改变国民性的重要，便毅然弃医从文，迈出了人生道路上具有决定意义的一步，选择了文学艺术，以笔作为自己救国救民的战斗武器。他参与筹办文艺杂志《新生》，撰写了《人之历史》《科学史教篇》《文化偏执论》《摩罗诗力说》等早期重要论文。鲁迅认为，中国的严重问题在于人，不在于物；在于精神，不在于物质；在于个性，不在于"众人"；要"立国"，必先"立人"，而"立人"的关键，在于个性的觉醒与精神的振奋。

辛亥革命前夜，鲁迅回到祖国，先在杭州的浙江两级师范学堂执教，担任化学、生理学教员，后又回到故乡绍兴，担任绍兴府中学堂监学兼博物教员、山会初级师范学堂监督（校长）。他一方面教书育人，培养青年，一方面积极投身于辛亥革命。他领导故乡文学团体"越社"，支持创办《越铎日报》。1912 年初，鲁迅应教育总长蔡元培之邀，赴南京临时政府教育部任职，不久，随教育部迁至北京，任社会教育司第一科科长，同时先后受聘于北京大学、北京高等师范学校、北京女子高等师范学校等一些高等院校，担任校外兼职讲师。

俄国十月革命胜利后，鲁迅深受鼓舞，与李大钊、陈独秀等当时许多先进知识分子一起，写文章，办杂志，揭开了中国五四运动的序幕。他站在反帝反封建的前列，积极提倡新文化、新思想、新道德，猛烈抨击几千年来的旧文化、旧思想、旧道德。1918 年，他发表了我国现代文学史上第一篇白话小说《狂人日记》，小说通过象征的艺术手法，无情地揭露了中国几千年封建社会吃人的本质，强烈地控诉了封建礼教和封建宗法制度的罪恶。此后，鲁迅"一发而不可收"，以彻底的不妥协的姿态,创作了《孔乙己》《药》《阿Q正传》等许多小说和大量杂文、随笔、评论,从而成为五四运动的先驱和中国现代文学的奠基人。

1926年夏,鲁迅离开北洋军阀盘踞的北京,南下厦门,担任厦门大学中国文学系教授,同时兼任国学院教授。1927年初,鲁迅又转赴当时的革命中心广州,担任了中山大学中文系主任,同时兼任教务主任,一边从事教育和文学创作,一边投入新的战斗。同年4月,反革命政变发生,鲁迅经受了腥风血雨的考验,因营救学生无果,愤而辞职。在血的教训面前,鲁迅早年形成的社会发展观发生了深刻的变化,他严厉解剖自己的思想,纠正了过去只信进化论的"偏颇",从此,他的思想发展进入了一个崭新的起点。

20世纪20年代中期,参与创办《莽原》周刊、《语丝》周刊和文学社团末名社。1927年初到广州中山大学任文学系主任兼教务主任。1927年8月到厦门大学任教授。

1927年10月,鲁迅到了上海,从此定居下来,集中精力从事革命文艺运动。1928年与郁达夫创办《奔流》杂志。1930年,中国左翼作家联盟成立,他是发起人之一,也是主要领导人,曾先后主编《萌芽》《前哨》《十字街头》《译文》等重要文学期刊。他参加和领导了中国左翼作家联盟、中国自由运动大同盟和中国民权保障同盟等许多革命社团。他主编《前哨》《奔流》《萌芽月刊》等许多刊物,团结和领导广大革命的、进步的文艺工作者,与帝国主义、封建主义和国民党政府及其御用文人进行针锋相对的斗争。他坚持韧性战斗,撰写了数百篇杂文。这些杂文,如匕首,似投枪,在反文化"围剿"中,作出了特殊的贡献。他与共产党人交往密切,坚决拥护中国共产党的抗日民族统一战线政策。他以"窃火者"自喻,致力于中外文化交流,倡导新兴木刻运动。他关心青年,培养青年,为青年作家的成长付出了大量的心血。

1936年10月19日,鲁迅在上海大陆新村寓所与世长辞,终年55岁。

# 朱自清

档案　朱自清（1898—1948年），字佩弦，原籍浙江绍兴，出生于江苏东海。现代著名散文家、诗人、学者、民主战士。代表作《荷塘月色》《背影》《桨声灯影里的秦淮河》等。

名言　沉默是一种处世哲学，用得好时，又是一种艺术。

朱自清生于江苏省东海县，因祖父、父亲都定居扬州，故又自称扬州人。

1916年，中学毕业考入北京大学预科，同年底与武钟谦女士完婚。1917年夏，迫于家庭经济状况恶化，为减轻家庭负担，乃改名"自清"，因自感性情迟缓，感于《韩非子》中"董安于之性缓，故佩弦以自急"之语，乃字"佩弦"以自警策，提前一年投考北京大学本科，被哲学系录取。

1919年，他加入《新潮》诗社，开始创作新诗，其新诗处女作《睡罢，小小的人》于同年2月问世。他积极五四爱国运动和新文化运动，并就此走上文学道路。在三年内，他修完四年的课程，于1920年提前毕业。此后，他曾在杭州、扬州、上海、台州、温州、宁波和上虞等处中学任教，同时从事新诗和散文创作。1922年，和俞平伯等人共同创办《诗》月刊（该刊是现代文学史上第一个诗刊）。他的诗呈现出一种纯正朴实的新风，或热切地追求光明，憧憬未来，或有力地抨击黑暗的世界，揭露血泪的人生，洋溢着反帝反封建的革命精神。

1925 年夏,赴北京任清华大学教授。1928 年 8 月,出版散文集《背影》,在文坛引起强烈反响,并以平淡朴素而又清新秀丽的优美文笔独树一帜。同年 11 月 26 日,其夫人武钟谦在扬州病逝,对他打击很大。

1937 年,抗日战争爆发,随校南迁至长沙、昆明、蒙自、成都,任长沙临时大学、西南联大教授。朱自清在西南联大教书时对学生热情鼓励,但并不轻易称许,往往为一个问题会与学生争得不可开交。他曾风趣地对学生说:"你们不易说服我,我也不易说服你们,甚至我连我的太太也说不服,虽然民主的精神在于说服。"朱自清对教学十分认真,他对学生作业格式有具体规定:作业本第一页要空下来,把一学期作文题目依次写下,并注明起讫页数,以便查阅。朱自清治学上认真严肃,从不滥竽充数。1934 年应郑振铎邀请,一个晚上赶写了一篇《论逼真与如画》,其材料依据《佩文韵府》,因来不及检查原书,就在文章后面写明是"抄《佩文韵府》"。朱自清写作时,喜以笔尖沾纸,速度不快,往往要细心斟酌后才写下,所以写下后无需多加删减,即成佳作。在清华大学时,他每天只能写 500 字;而李长之有一天曾写过15000字的论文,还外加两篇杂文。朱自清、浦江清等相约在每周三下午 2 至 5 时,在清华园中文系会议室,把《历代诗话》和《历代诗话续编》分人剪贴,另设总论及杂类,均按罗马字母排列,半年后完成剪贴《诗话大系稿本》。

朱自清先生是个内向的人,腼腆的人,从品行上说,绝对是个正人君子,看看他讲课,就知道这是怎样一个忠厚人了。他那时是矮矮胖胖的身体,方方正正的脸,配上一件青布大褂,一个平顶头,完全像个乡下土佬。讲的是扬州官话,听来不甚好懂,但从上讲台起,便总不断地讲到下课为止。好像他在未上讲台前,早已将一大堆话,背诵过多少次。又生怕把一分一秒的时间荒废,所以总是结结巴巴地讲。然而由于他的略微口吃,那些预备好了的话,便不免在喉咙里挤住。于是他更加着急，每每弄得满头大汗……一到学生发问，他就不免慌张起来，一面红脸，一面急巴巴地作答，直要到问题完全解决，才得平舒下来。这是北大刚毕业，在杭州第一师范教书时的情形，他的学生魏金枝记下的。后来当了清华大学国文系教授，情况是不是好了呢？没有好多少。下面是他的学生吴组缃的回忆：我现在想到朱先生讲书，就看见他一手拿着讲稿，一手拿着块叠起的白手帕，一面讲，一面看讲稿，一面用手帕擦鼻子上的汗珠。他的神色总是不很镇定，面上总是泛着红。他讲的大多援引别人的意见，或是详细地叙述一个新作家的思想与风格。他极少说他自己的意见；偶尔说及，也是嗫嗫嚅嚅的，显得要再三斟酌词句，唯恐说溜了一个字，但说不上几句，他就好像觉得自己已经越出了范围，极不妥当，赶快打住。于是连连用他那叠起的白手帕抹汗珠。

抗日战胜利后，积极支持昆明学生反对国民党发动内战。1946年，由昆明返回北京，任清华大学中文系主任。7月，著名的民主战士李公朴、闻一多被国民党特务暗杀，他不顾个人安危，出席成都各界举行的李、闻惨案追悼大会，并报告闻一多生平事迹。1946年10月，他从四川回到北平，11月担任"整理闻一多先生遗著委员会"召集人。

1948年6月18日，他身患重病，仍签名《抗议美国扶日政策并拒绝领取美援面粉宣言》，并嘱告家人不买配售面粉，始终保持着一个正直的爱国知识分子的高尚气节和可贵情操。8月12日11时40分，病逝于北平，享年51岁。毛泽东曾称赞他"一身重病，宁可饿死，不领美国的'救济粮'的'骨气'，表现了我们民族的英雄气概"。朱自清病逝后，安葬在香山附近的万安公墓，墓碑上镌刻着"清华大学教授朱自清先生之墓"。1990年，其夫人陈竹隐去世，与先生合葬在一起。

# 冰心

**档案** 冰心（1900—1999年），享年99岁，籍贯福建福州长乐横岭村人，原名为谢婉莹，笔名为冰心。现代著名诗人、作家、翻译家、儿童文学家。

**名言** 多读书，读好书，然后写出自己的感想。

**冰**心小时候特别爱听大人讲故事。她经常缠着母亲、奶娘、舅舅，要他们讲故事。她最爱听历史上惩恶扬善和古人精忠报国的故事。这些故事打开了小冰心的心扉，把她带入了一个丰富的精神世界。

冰心的父亲是一位海军军官。有一年，父亲作为中国代表到英国去购买军舰，在举行交接仪式时，由于当时落后的中国连个国歌也没有，只能临时奏起一首《妈妈好糊涂》的民间小调代替国歌。父亲多次把这个伤心的故事讲给女儿听，这一件事深深地刺痛了冰心幼小的心灵。

冰心六七岁就开始看大人的书。她尽管识字不多，但她一知半解地阅读了《三国演义》《聊斋志异》《西游记》《水浒传》《再生缘》《儿女英雄传》《说岳全书》等古典小说。

那时，冰心父亲的一些同事都知道她会讲《三国演义》，每次她上军舰参观游玩时，水手叔叔总是抓住她不放，把她抱坐在桌子当中，让她给大伙讲三国故事。有水兵叔叔们捧场，小小年纪的冰心总是讲得神采飞扬,情绪十分激昂。

有一天,堂姐送给冰心一本名叫《凄风苦雨录》的书。她一连看了好几遍,每看一遍就要大哭一场。书中讲述了三个中国穷苦人,被人贩子骗卖到南洋当猪仔的凄惨经历。世间不平的事实,极大地震撼着冰心幼小的心灵。

由于冰心父亲同情革命,有人向清朝政府密报他是"乱党",证据是他的部下有许多是孙中山同盟会会员。北京派来的调查员,劝他主动辞职,免得落个"撤职查办"的不好名声。1910年,父亲携带女儿惜别了自己一手创办的烟台海军学校,返回故里福州市。此时快满10岁的冰心已经懂得了很多家事和国事,她拥有革命的激情,把自己攒下的10元压岁钱,捐给了参加辛亥革命的志士们。

1918年冰心入协和女子大学预科,积极参加五四运动。1919年开始发表第一篇小说《两个家庭》,此后;相继发表了《斯人独惟悴》《去国》等探索人生问题的"问题小说"。同时,受到泰戈尔《飞鸟集》的影响,写作无标题的自由体小诗。这些晶莹清丽、轻柔隽逸的小诗,后结集为《繁星》和《春水》出版,被人称为"春水体"。1921年加入文学研究会。同年起发表散文《笑》和《往事》。1923年毕业于燕京大学文科。赴美国威尔斯利女子大学学习英国文学。在旅途和留美期间,写有散文集《寄小读者》,显示出婉约典雅、轻灵隽丽、凝炼流畅的特点,具有高度的艺术表现力,比小说和诗歌取得更高的成就。这种独特的风格曾被时人称为"冰心体",产生了广泛的影响。

1926年,冰心获文学硕士学位后回国,执教于燕京大学和清华大学等校。此后著有散文《南归》、小说《分》《冬儿姑娘》等,表现了更为深厚的社会内涵。抗日战争期间在昆明、重庆等地从事创作和文化救亡活动。1946年赴日本,曾任东京大学教授。1951年回国,先后任《人民文学》编委、中国作家协会理事、中国文联副主席等职。作品有散文集《归来以后》《再寄小读者》《我们把春天吵醒了》《樱花赞》《拾穗小札》《晚晴集》《三寄小读者》等，展示出多彩的生活。艺术上仍保持着她的独特风格。她的短篇小说《空巢》获 1980 年度优秀短篇小说奖。儿童文学作品选集《小桔灯》于同年在全国少年儿童文艺创作评奖中获荣誉奖。冰心的作品除上面提到的外，还出版有小说集《超人》《去国》《冬儿姑娘》，小说散文集《往事》《南归》，散文集《关于女人》，以及《冰心全集》《冰心文集》《冰心著译选集》等。她的作品被译成多种外文出版。

# 艺术巨擘

艺术是社会意识形态之一，人类精神文明的有机组成部分。伟大的艺术家更是人类灵魂的工程师。他们给人的精神赋予了秩序，在一个想象的空间里，给整个社会自由与和谐。美术家、书法家、音乐家，他们都用自己的艺术形式，表达着自己的精神世界的心灵升华，读他们背后的故事，一定会给你深刻的启迪和感悟。

# 王羲之

**档案**　王羲之（公元前 321—前 379 年），东晋书法家，字逸少，号澹斋，汉族，祖籍琅琊临沂（今属山东），后迁会稽（今浙江绍兴），我国东晋时代的书法家、文学家，有"书圣"之称。

**名言**　群贤毕至，少长咸集。

王羲之于公元 321 年出生在山东琅琊的临沂，王家是当地的高门望族，也是书香门第。父亲王旷是淮南太守，收藏了很多书，又酷爱书法。自幼受着这种文化的熏陶，王羲之非常喜爱读书习字。4 岁时，他就爬到桌子上，让父亲教他练习写字。7 岁时，他的字就已经写得很像样子了。

他非常注意观看父亲写字。有一次，他看见父亲在写字的时候手里拿本书，一边欣赏，一边赞叹，十分的珍爱，看完后还仔仔细细地收藏好。王羲之纳闷，这是一本什么书呢？父亲如此珍惜？一天，趁父亲外出，他走进父亲的书房在书里寻找，终于找到了那本关于书法的书和字帖。他如获至宝，不仅认真读，而且照着书上说的去练。没多久，父亲看到小羲之的书法大有长进，就夸奖他。羲之把这件事情告诉了父亲。父亲听了以后非常高兴；又拿了一些书给他看，还对他写的字进行讲评；最后鼓励他"练习书法没有什么诀窍，就是一个办法，下苦功多练！你就好好地练吧！"

小羲之受到了夸奖和鼓励，学习和练习就更加刻苦了。10 岁时，为了让他学习不同的风格和技法,父亲请了当时很有名的女书法家来给他当老师。这老师名字叫卫铄,年已60,人们都称她为卫夫人。她待人和气、亲切,但是对学生要求极严格。卫夫人叫王羲之把他练习写的字拿来看,边看边说:"唔,基础不错嘛,但是,你不要自满,还有很多不足之处,还要继续努力,才能有成绩。"

卫夫人教小羲之是十分耐心的,发现他写字的姿势不对,就说:"写字的姿势是非常重要的,姿势端正,写的字也会端正,身子歪了,字就会写得不正。"于是卫夫人纠正了小羲之的姿势。她手把手地教他。还说:"练习写字,心不要浮躁,要沉静下来,一笔一画,绝不能马虎,每一笔都要写到位,横就一定要平,竖就一定要直,一点都不能歪和斜。这样写出的字才端正。"

在卫夫人的辅导下,王羲之一丝不苟、不厌其烦地练习书法,写不好了,就重来。他像着了迷似的。夏天天气炎热,人们都到树阴下去乘凉,而王羲之汗流浃背,还不休息;冬天三九严寒,人们都围坐在火炉旁取暖,而小羲之练字练得小手冻得红肿也不肯罢休。就这样连吃饭的时候他也要拿筷子当笔,拿饭桌当纸,练个不停。母亲说:"羲儿都变成呆儿了,快吃饭吧!"

王羲之时刻在揣摩字的结构,手指不停地在裤子上划,久而久之。把裤子都磨出了洞。母亲见了心疼地拿起他的手来看:"呀,手指上都出了老茧。无名指也被笔杆挤压扁了!"

王羲之向卫夫人学习书法后,为了开阔眼界,增长见识,还渡江向北去游名山大川,遍访名家,他见到了李斯、曹喜等人的书法;又到了一许下,见到了钟繇、梁鹄的墨宝;还到洛下,学习蔡邕《石经》三体书;从族史那里见到张昶的《华岳碑》。他刻苦学习各种书体,不但模仿,还很注意推陈出新,创造了一种飘逸、清秀、隽美的王式字体。

就这样,春去冬来,年复一年,王羲之的字有很大长进。但是他并不满足,仍旧勤奋不懈。他每天练字时,为了洗笔方便,索性就到庭院里的池塘边去写，在池塘里边洗笔，天长日久，那小池塘里的水，都变成黑的了。家里人都称它"墨池"。经过勤学苦练，王羲之的书法越来越有名。当时的人都把他写的字当宝贝看待。据说有一次，王羲之到一个村子去。有个老婆婆拎了一篮子六角形的竹扇在集上叫卖。那种竹扇很简陋，没有什么装饰，引不起过路人的兴趣，看样子卖不出去了，老婆婆十分着急。王羲之看到这情形，很同情那老婆婆，就上前跟她说："你这竹扇上没画没字，当然卖不出去。我给你题上字，怎么样？"老婆婆不认识王羲之，见他这样热心，也就把竹扇交给他写了。王羲之提起笔来，在每把扇面上龙飞凤舞地写了五个字，就还给老婆婆。老婆婆不识字，觉得他写得很潦草，很不高兴。王羲之安慰她说："别急。你告诉买扇的人，说上面是王羲之写的字"王羲之一离开，老婆婆就照他的话做了。集上的人一看真是王羲之的书法，都抢着买。一箩竹扇马上就卖完了。

王羲之关心国家兴衰，却视功名如浮云，当官以后经常与名士、文友们畅游山水赋诗垂钓。他曾与道士许迈共修，许迈说，修炼必须别离亲友，王羲之感慨道："年在桑榆，自然当此。顷正赖丝竹陶定，恒恐龙儿辈觉，损其欢乐之趣。"他的爱子之情溢于言表。

王羲之59岁时去世，朝廷追封他为金紫光禄大夫。但他的七个儿子遵从父训，谢绝了封赏。王羲之不仅以身教告诫子女不慕名利，更以难得的慈父情怀教导他们练习书法。七个儿子均善书法，尤其是王献之，以其卓越的书法造诣与父亲王羲之并称"二王"。

# 唐寅

档案　唐寅（1470—1523 年），字伯虎，一字子畏，号六如居士、桃花庵主等。汉族，吴县（今江苏苏州）人。明朝著名的画家和文学家。

名言　人家不必论富贵，唯有读书声最佳。

**唐**伯虎出生在江苏吴县。他天资聪颖，过目不忘，他 6 岁时开始上学，虽攻读经书，但更喜欢文学和绘画。到七八岁的时候，他不但能出口吟诗，提笔成文，而且作画也已是得心应手，尤其善画人物像。唐伯虎兴趣广泛，学习成绩总能名列前茅，因此，先生对他的其他爱好从不过多干预。

唐伯虎 9 岁那年，先生认为他才华出众，推荐他参加乡里的童子试。但不知是何原因，唐伯虎从这个时期起，便对功名不感兴趣，拒绝参加，而去拜当时的著名画家周臣为师，专学绘画。两年后，唐伯虎无论是画山水、人物，还是画竹子和山石，都达到了炉火纯青的地步。特别是在画人物方面，连他的老师周臣自己也说，唐伯虎已经超过了师傅。

唐伯虎回到家中，不少人求画，而他则是来者不拒，有求必应，不收报酬，只是当作练笔，可是时间一久，他感到画人物应手，而画山水总有些蹩脚。

他听说长州人沈周以绘画著称，特别擅长画山水花卉，便禀明母亲，要去二次拜师。母亲见儿子如此虚心好学，精益求精，心中十分高兴,便同意他前往,并给了些钱,整理了行装,送他上路。沈周见唐伯虎长得眉清目秀,又看了他的一些作品,感到他在绘画方面功底很厚,又如此虚心好学,便高兴地收下了他。

沈周以书画著称,尤其擅画山水花卉。他的画精妙传神,堪称当代绘画第一人。唐伯虎二次拜师,拜在这样一位大画家门下,学习自然更加刻苦勤奋,掌握绘画技艺很快,不到一年的时间,他的绘画便上了一个新的台阶,深受沈周称赞。

然而,由于沈周的称赞,竟使一向谦虚的唐伯虎渐渐产生了自满情绪,他感到自己的画和师傅的画已经不相上下了,便想尽快结业回家。

对于唐伯虎的思想变化,沈周看得十分清楚,他不愿意让这个才华横溢的孩子半途而废,决心对其进行一次实际的教育。于是在唐伯虎提出要回家的第二天,沈周特意让妻子做了几个菜,端进东厢房的一间小屋里,然后把唐伯虎叫来,一块饮酒。

师徒两人坐下,唐伯虎为师傅斟酒,并且在言谈中,多次拐弯抹角地提到母亲如何身弱体衰,身边无人照顾,希望老师能同意他回家。而沈周总是笑而不答,并且不时用其他话题把唐伯虎的话岔开。后来,唐伯虎实在忍不住了,便问沈周:"师傅,弟子提出回家侍奉母亲的事你同意吗?"至此,沈周才微微一笑说"难得小小年纪,就有如此孝心,师傅岂有不允之理?况且,你天资聪慧,学画一年,就能画出那么好的画来,也可以出师了。"

沈周笑了笑又接着说:"为师今日高兴,酒喝得多了些,感到身上有些发热,你去把窗子打开,通通风好吗?"唐伯虎闻言,立即站起身来,说了声"遵命",便去开窗子。可他怎么也推不动那两扇窗。他猛然醒悟,原来那两扇窗子是师傅画的,惟妙惟肖,竟使自己没能识别出来。随后,唐伯虎面红耳赤地走回去,又重跪在沈周面前说:"师傅,请你原谅弟子无知,我要留下来继续学习。"沈周听后,将他拉起来说:

"孩子,你的画是有了一些进步。可你要知道,学无止境,人外有人,天外有天啊!"从此以后,唐伯虎潜心努力,再也不提回家的事了。

唐伯虎不但聪明,而且为人正直,有这样一个有趣的故事:大概在唐伯虎13岁那年,本乡有一个商人来找他画像,并且对他说:"你如果画得像我,我就给你10两银子。"唐伯虎故意说:"我平时为人画像,本来是每张像要收20两银子的,因为你是本乡人,10两就10两吧;但是有言在先,如再少分文,我便不给你画。"那商人道:"好,那就一言为定。"

其实,别看唐伯虎年纪小,却有副侠义心肠,爱打抱不平。今日所以与这位商人讨价还价,是因为这个商人是个有名的奸商。唐伯虎深知其品行,有意借画像之机整治他一下,为老百姓出口气。

两天后,那个商人前来拿画像。唐伯虎把画像拿出来给他看时,那商人左看右看,看了半天,对唐伯虎说:"怎么越看越不像我呢?这样吧,我给你5两银子。像,我拿走,你看怎么样?"唐伯虎早就料到他会有耍赖这一招,于是立即把像卷了起来,对他说:"我早已有言在先,10两银子分文不能再少,既然你觉得我画得不像你,就去另找高明吧!"随后,便把画收起来。那富商一见,也不好意思再改口,只好故作悻悻的样子走了。

第二天,唐伯虎索性又加了几笔,把这张画像拿到集市上拍卖,标价是20两银子。由于唐伯虎把这张画改了,使那画像变得贼头鼠目,脖子上还套着铁链子,俨然是一副被官府捉住了的小偷模样,丑态百出,引来不少百姓在这幅画像前指手画脚,说三道四。恰在这时,那个富商走了过来,一看,竟是自己的画像被丑化得不像样子,不由得恼羞成怒地说:"你为什么把我画成这个样子?"唐伯虎不慌不忙地说:"你不是说这不是你的画像吗?既然不是你的画像,你又为何前来干预?"观众中也有不少人窃窃私语说:"像他,像他,像极了!"那商人听了,越发感到无地自容,他怕引来更多围观的人,便急忙扔下20两银子,卷起画像,灰溜溜地走了。唐伯虎和围观的百姓,望着那商人远去的背影,都哈哈大笑起来。

唐伯虎长大后,在好友祝允明的劝说下,于1498年参加了乡试,一举中了头名。但不久,又因程敏政漏试题一案受到牵连,他被降为小吏。唐伯虎不愿去上任,自去游览名山大川。后来,他在家乡建了一处居所,取名为"桃花坞"。

从此,他便在这里致力于绘画。唐伯虎擅长山水,人物花鸟,兼及书法。同时他也是诗人。他与当时的著名文学家、画家祝允明、徐祯卿、文徵明齐名,并称"吴中四才子";又与沈周、仇英、文徵明合称"明四家"。其著作有《六如居士全集》《画谱》等。

# 郑板桥

**档案**　郑板桥(1693—1765年),字克柔,号板桥,也称郑板桥。江苏兴化人,清代著名画家、书法家。著有板桥全集,手书刻之。为"扬州八怪"之一,其诗、书、画世称"三绝",擅画兰竹。

**名言**　读书以过目成诵为能,最是不济事。

**郑**板桥是"扬州八怪"之一,以画竹出名。他出生在江苏兴化,名燮,板桥是他的号。因为他在所作的书画下款都题"板桥郑燮"的字样,后来人就逐渐称他为郑板桥。

相传郑板桥年轻时，曾临摹历代名家的各种书体，竟达到几乎可以以假乱真的程度，但人们对他的字并不欣赏。怎么回事呢？他常常陷入痛苦的沉思。一天晚上睡下之后，他又进入书法练习的痴迷境界，不知不觉地以手做笔，在妻子的背上写来写去。妻子问他干什么，他说在练字。妻子一语双关地对他说："要练字吗？你有你的体，我有我的体，你老在别人体上缠什么？"郑板桥听了，恍然大悟："对呀！我为什么老模仿别人呢？应当创造自己的风格！"从此，他博采众家之长，以隶书与篆、草、行、楷相杂，用作画的方法写字，终于形成了独具特色的"乱石铺街"体。成为享有盛誉的著名书法家。

在雍正十年，即公元1732年，郑板桥在朋友们的帮助下，去应试，结果中了举人。在乾隆元年即1736年又中了进士，五年之后被任命为山东范县县令。

范县地处黄河北岸，有10万人口，而县城里却只有四五十户人家，还不如一个村子大。上任的第一天，郑板桥就出了个怪招：让人把县衙的墙壁打了许多的洞。别人不解，去问他，他说这是出出前任官的恶习和俗气。

五年之后，郑板桥调任山东潍县县令。为了接近百姓，他每次出巡都不打"回避"和"肃静"牌子，不许鸣锣开道。有时还穿着布衣草鞋，微服访贫问苦。有一次夜里出去，听到有间茅草屋里传出阵阵读书声。一看原来是一个叫韩梦周的贫困青年在苦读。郑板桥就拿出自己的银子资助他，后来韩梦周参加科举考试中了进士。

郑板桥因为失去了独子，他总是经常寻访孤儿，然后倾力相助。县学里的孩子放学碰上雨天不能回家，他就让人给送饭，又想到孩子们走泥路容易坏鞋，就让人找些旧鞋送给他们。

在遇到灾荒时，郑板桥都具实呈报，力请救济百姓。他还责令富户轮流舍粥供饥民糊口。他还带头捐出自己的俸禄。他刻了一方图章明志："恨不得填满普天饥债"。在灾情严重时，他毅然决定开官仓借粮给百姓应急。下属们都劝他慎重从事,因为如果没有上报批准,擅自打开官仓,要受惩处。郑板桥说:"等批下来百姓早就饿死了,这责任由我一人来承担!"郑板桥的果断救活了很多人。秋后,如果遇上了灾年,百姓们无法归还粮食,郑板桥干脆让人把债券烧了,百姓们都很感谢他这个体恤百姓、爱民如子的清官。

郑板桥做官不讲排场,这也给他带来一些麻烦。由于他常下乡体察民情,上级来视察时常找不到他,免不了要责问。在乾隆十七年时潍县发生了大灾害,郑板桥因为申请救济而触怒了上司,结果被罢了官。

临行前,百姓都来送行,郑板桥雇了三头毛驴,一头自己骑,一头让人骑着前边领路,一头驮行李。做县令长达 12 年之久,却清廉如此,送行的人见了都很感动,依依不舍。郑板桥向潍县的百姓赠画留念,画上题诗一首:"乌纱掷去不为官,囊橐萧萧两袖寒。写取一枝清瘦竹,秋风江上作渔竿。"

从此,郑板桥回乡以画竹为生度过了他贫寒而很有气节的一生。他一生只画兰、竹、石。他认为兰四时不谢,竹百节长青,石万古不败。这正好与他倔强不驯的性格相合。他的画一般只有几竿竹、一块石、几笔兰,构图很简单,但构思布局却十分巧妙,用墨的浓淡衬出立体感。竹叶兰叶都是一笔勾成,虽只有黑色一种,但能让人感到兰竹的勃勃生气。

# 齐白石

档案 齐白石(1864—1957 年),原名纯芝,号渭青、兰亭,后改名璜,号濒生,别号白石,著名国画大师。他早年曾做雕化木匠,后从当地文化人陈少蕃、胡沁园学习诗文、篆刻、书法、绘画,遂以卖画、刻印为生。

**名言** 作画在于似与不似之间。太似为媚俗，不似为欺俗。

齐白石是中国现代著名的书画家、金石家，擅长画虾。

齐白石 1863 年诞生于湖南湘潭的一个农民之家。因为家境贫寒，他仅仅读了不到一年的私塾。16 岁那一年，齐白石开始学刻花木匠，希望能掌握一门手艺谋生。渐渐的，他对雕刻产生了极大的兴趣，经常描画钻研到深夜。为了节约钱买笔墨纸砚，他只吃最简单的饭食，穿单薄的衣服。即使这样，他还是苦于技艺提高缓慢。20 岁那年，他在做活时意外地发现了一套康熙年间刻印的《芥子园画谱》，不由爱不释手。齐白石如饥似渴地用半年时间全部临摹下来，并且反复临摹积累了上千张手稿。在这一时期，虽然没有名师指点，齐白石还是初步显示出了绘画的天赋。

1889 年的一次偶然的机会，齐白石认识了颇有才学的私塾先生胡自悼和陈少蕃先生。在他们的指导启发下，齐白石走上了专门的读书绘画的道路。几年下来，齐白石的绘画技艺有了很大提高，并在传统绘画基础之上创造了一些新技法，创作了不少富有诗情画意的作品。30 多岁时，齐白石捡起了当年的雕刻手艺，与书画功夫相结合，开始苦练治印。他拜著名治印家黎松安、黎铁安为师，把一枚枚印章刻了又磨掉，磨掉了又刻，学得非常辛苦。半年下来，他便掌握了治印的基础。

读万卷书，行万里路。1902 年，年近 40 岁的齐白石开始游历大江南北。每到一处，他都要游历当地的名山大川，了解当地的风土人情，积累了为数众多的速写作品，同时结识拜访了许多有真才实学的画界名人，鉴赏临摹了许多秘籍、名画、书法、碑拓等艺术品。大大开阔了

精品中的精品丛书

他的胸怀,提高了他的审美能力和鉴赏能力。

1909年暮秋,齐白石回到故乡,购置了一所房子,取名"寄萍堂",一住就是十年。齐白石总结了多年游历的心得,细细钻研揣摩,有所体味就泼墨成画。他每天除坚持作画外,就是用功刻苦读诗词,从各方面来增强自己的修养。通过这十年的刻苦磨砺,基本上形成了齐白石朴实、自然的创作风格。

1919年初春,齐白石已经56岁了,他决计北上,定居北京。刚刚到北京时,因为没有名气,没什么人买他的画,齐白石只能靠治印以维生,生活极为贫困。他没有气馁,不断地观摩学习名家之画,从中吸取营养,特别是黄宾虹的画,对他启发很大。后来齐白石来了个衰年变法,创造了中国画工笔草虫和现实写意花卉相结合的特殊风格,终于得到了陈师曾等人的欣赏。在他们的提携下,名声大振。1927年初春,齐白石被国立北平艺术专科学校校长林风眠聘请为教授。他把自己几十年的绘画创作经验毫无保留地传授给学生,著名画家王雪涛、李苦禅、李可染等,都成了他的得意门生。齐白石大器晚成,但勤奋依旧,在十多年中居然创作出了万幅以上的作品。

60岁以后,齐白石的画风遽变,重视创新,融合了传统写意画和民间绘画的表现手法,形成了独特的艺术风格。他擅长画花鸟虫鱼,笔墨纵横雄健,造型质朴,色彩鲜明。他一生画虾,不断追求艺术妙境,实现了三次飞跃,到晚年才真正达到了炉火纯青的地步。他对画技的评论"妙在似与不似之间",成为一时传诵的名言。

80岁前后,齐白石的制印的篆法、章法、刀法都表现出了鲜明的特色,被誉为"印坛泰斗"。他的画作造型简括,神态生动,笔力雄健,墨色强烈,书与印苍劲豪迈,刀笔泼辣,神奇趣逸。他将画、印、诗、书熔为一炉,使中国传统艺术水平提升到新的高度。

1937年,日军侵占北平。北平沦陷之后,齐白石愤然辞去了北平艺术学院教授的职务,从此紧闭大门,充分表现了这位艺术老人的民族气节。

直到 1945 年日本投降，他才公开露面，1946 年初恢复了他的卖画生涯。

新中国成立后，齐白石曾任中国美术协会主席，第一届全国人民代表大会代表，被誉为"人民艺术家"。

1957 年 9 月 16 日，齐白石大师走完了他将近一个世纪的生命历程。

1963 年，他被选为世界十大文化名人。

# 徐悲鸿

**档案** 徐悲鸿（1895—1953 年），原名寿康，江苏宜兴屺亭镇人，中国美术家、美术教育家，擅长画马。他是中国现代美术的奠基者。

**名言** 人不可有傲气，但不可无傲骨。

1895 年 7 月 19 日，在江苏省宜兴县屺亭桥镇，一间临水而筑的简陋茅屋里，一个男婴呱呱坠地。孩子的父亲给他取名寿康，祈愿他健康长寿。这个名叫徐寿康的农家男孩，就是日后大名鼎鼎的画家、美术教育家徐悲鸿。

徐悲鸿的父亲徐达章，是一名民间画师，在当地小有名气。耕作之余,在镇上以课徒和鬻字卖画补贴家用。家里挂满了父亲的字画,幼小的悲鸿耳濡目染,对书画产生了浓厚的兴趣。可当他要求学画时,却被父亲温和地拒绝了。两年后,9岁的他才如愿以偿,开始从父习画。父亲命他每日午后摹吴友如石印界画人物一幅,并学设色。自此,徐悲鸿与书画结下不解之缘,并将自己的一生毫无保留地交给了绘画。19世纪末20世纪初,是中国社会的多事之秋,外有西方列强的肆意入侵,内有封建政权的腐朽统治,天灾人祸接连不断。1908年,徐悲鸿的家乡连降暴雨,庄稼悉遭吞噬。万般无奈之下,年仅13岁的徐悲鸿跟着父亲到邻近的县镇鬻字卖画,以谋全家生计。

流浪江湖的卖画生涯因徐达章身染重病而中止,徐悲鸿扶着全身浮肿的父亲回到了家乡,作为长子,他挑起了家庭的重担。不久,父亲去世,家里却连一文安葬费也没有。徐悲鸿含泪向亲戚告贷,热心的陶留芬先生不但立刻送来了钱,还亲自帮助安排了丧事。父亲去世后,徐悲鸿成了家里的顶梁柱,19岁的他过早地体会到了生存的艰辛和人世的无常。

为了养家,他决定到上海去寻找出路。他的一位同乡徐子明先生,当时任教于上海的中国公学。在徐先生的热情帮助下,他的作品得到了复旦大学校长的首肯,并答应为他安排一个工作,但当校长见到还一脸孩子相的徐悲鸿时,就悄悄对徐子明说:"此人完全还是个孩子,岂能工作?"不久徐子明赴北京大学任教,徐悲鸿工作的事也没了着落。天气一天天地冷了起来,他仅有的一点盘缠也用光了,最后因身无分文而被旅馆老板赶出大门。在极度失望中,他回到了家乡。

然而在贫穷的农村,靠画画根本不能谋生,于是他仍决定去上海寻找出路。1915年夏末,他怀揣徐子明的介绍信前往商务印书馆,求见《小说月报》主编恽铁樵。恽铁樵看了介绍信及他的几幅作品之后很满意,答应让他为中小学教科书画插图。但第二天,当他再次来到商务印书馆时,又被告知国文部另一个主事人认为他的画不合格,刚燃起的希望之火又被浇灭了。徐悲鸿踉踉跄跄地跑出大门,一直跑到黄浦江边,看着滚滚而去的江水,他真想纵身一跃,从此万事皆休,但想到家乡的乡亲和弟妹们殷殷期盼的目光,他流下了酸楚的泪水。

正在生死间彷徨之际,突然有人拉住了他的胳膊,原来是商务印书馆里的小职员黄警顽。徐悲鸿离开商务印书馆时的绝望之态使这位热心人放心不下,于是一路尾随而来,果然见他要寻短见,赶忙及时制止了他。黄警顽将他带回自己狭小的宿舍,两人同睡一张床,同盖一床薄棉被,徐悲鸿暂时有了栖身之所。

终于有一天,黄警顽帮他联系到一份工作,是为中华图书馆出版的一套《谭腿图说》画体育挂图。几天工夫,100多幅图就画好了,徐悲鸿得到了一生中卖画的第一笔收入——30元稿酬。

生活有了转机,徐悲鸿也变得开朗起来。他的求知欲非常强烈,谋生之余,大量阅读书籍。在黄警顽的帮助下,他携带作品拜访了当时上海著名的油画家周湘,得到周先生的赏识,并欣赏了周先生收藏的所有书画以及他历年的作品,令徐悲鸿一饱眼福,大开眼界。

1919年到1927年,他在欧洲一些国家留学。当时的中国,军阀混战,贫穷落后,在世界上没有地位,在外国的中国留学生常受到一些人的歧视。有一次,许多留学生在一起聚会,一个满身散发着酒气的外国学生站起来,恶毒地说:"中国人又蠢又笨,只配当亡国奴,就是把他们送到天堂里去深造,也成不了才!"坐在一旁的徐悲鸿被激怒了,他走到这个洋学生面前,大声说:"先生,你不是说中国人不行吗?那么,我代表我的祖国,你代表你的国家,我们比一比,等学习结业时,看看到底谁是人才,谁是蠢材!"从此,徐悲鸿学习得更勤奋了。他到巴黎各大博物馆去临摹世界名画的时候,常常是带上一块面包一壶水,一去就是一整天,不到闭馆的时间不出来。法国画家达仰非常喜欢徐悲鸿,他从这个中国青年身上,看到了中国人民的坚强毅力。他主动邀请徐悲鸿到家做客,在他画室里画画,并亲自给徐悲鸿指导。

有志者,事竟成。徐悲鸿进入巴黎国立高等美术学校后在几次竞赛和考试中获得了第一名。1924 年,他的油画在巴黎展出时,轰动了巴黎美术界。这时,那个在大家面前大骂中国人无能的洋学生,不得不承认自己不是中国人的对手。

1926 年 2 月 3 日,徐悲鸿旅欧归来。回国后不久,许多青年慕名而来,登门求教。一天,在黄警顽的介绍下,徐悲鸿接待了一位刚 20 出头的年轻人。徐悲鸿看了年轻人的画,夸赞道:"现在许多画画的人脱离现实,像你这样从现实生活出发的人,在中国很少见。"这位年轻人名叫蒋兆和,自幼家贫,16 岁只身流落上海,爱好美术却无人指导。一样的贫寒出生,一样的艰苦奋斗,一样的对美术的热爱,徐悲鸿从这个年轻人身上似乎看到了自己当年的影子。此后,蒋兆和经常登门求教,徐悲鸿对他关怀备至。蒋兆和日后果然成为一位著名的画家,并和徐悲鸿保持了终身的友谊。蒋兆和后来曾深情地写道:"知我者悲鸿,爱我者悲鸿。"

徐悲鸿是中国少有的被授予"人民艺术家"称号的画家,也是最为普通大众所熟悉的近现代绘画艺术大师。作为中国现代美术的奠基者,杰出的画家和美术教育家,他一生创作作品达数千件,而且培养和发现了一大批优秀的美术人才。他将西方精湛的写实技巧融入中国绘画,从而为传统艺术的革新和发展开辟了广阔的天地,使中国画变得别开生面;同时,他又在素描和油画渗入了中国画的笔墨韵味,创造了新颖而独特的艺术风格。徐悲鸿的绘画作品熔古今中外技法于一炉,具有强烈的时代感,在中国美术史上起到了承前启后、继往开来的巨大作用。

# 张大千

**档案** 张大千（1899—1983 年），原名张正权，又名爰，字季爰，号大千，别号大千居士，下里巴人、斋名大风堂。四川内江人，祖籍广东省番禺。中国画坛最具传奇色彩的国画大师。

**名言** 笔法难，墨法更难，水法极难。

　　张大千幼时，家庭很贫穷，曾经随母亲和兄弟姐妹学画，打下了绘画基础。他祖上曾作过内江知县，后归田耕读，写诗作画，过着闲淡的田园生活。传到张大千已是第十代。其父张忠发，字怀忠，母亲名叫曾友贞。张忠发夫妇共生育九男二女，都有很高的文化素养，他的兄弟张正兰也是现代著名的画家。在他 6 岁的时候他就跟着姐姐哥哥读书识字，9 岁时在母亲和姐姐的教导下正式开始学习绘画、书法。他姐姐琼枝擅长画花卉、小鸟，在幼年时对他有很大的影响。大千自幼就很聪明，所以作画进步很快。

　　10 岁的孩子就能帮助母亲描绘花样，画比较复杂的花卉、人物，写字也很工整。他的四哥张文修在资中家教私塾，故大千也就从四兄就读古籍，在课余常随兄赴资中游览山水名胜，培养了对自然的审美意识。良好的家庭文化氛围对他起到很好的启蒙作用，同时也为他打下了坚实的国学基础。后入重庆求精中学读书。

　　在 20 世纪的中国画家中，张大千无疑是其中的佼佼者，其画意境清丽雅逸。徐悲鸿说过"张大千，五百年来第一人。"他才力、学养过人,于山水、人物、花卉、仕女、翎毛无所不擅,特别是在山水画方面具有特殊的贡献:他和当时许多画家担负起对清初盛行的正统派复兴的责任,也就是继承了唐宋元画家的传统,使得自乾隆之后衰弱的正统派得到中兴。

　　和许多画家一样张大千也同样经历了描摹之路,在近代像大千那样广泛吸收古人营养的画家是为数不多的,他师古人、师近人、师万物、师造化,才能达到"师心为的"的境界。他师古而不拟古,在继承传统文化的同时他还想到了创新,最后在继承传统的基础上发展了泼墨,创造了泼彩、泼彩墨艺术,同时还改进了国画宣纸的质地,最后成为了一代画宗。然而思想的先行者往往是孤独的,在他五言绝句《荷塘》有"先生归去后,谁坐此船来。"之句似乎暗示着后来者继续他的道路。

　　1918 年来到上海后,他与兄长坐海轮东赴日本留学,学习绘画与染织技术,不久回国。1920 年他在上海拜曾熙为老师学习书法,也就是在这个时候曾熙为他改名张爰。后经曾熙引见,又拜临川李瑞清为师研习书法。在上海宁波同乡会馆,他举办了首次个人画展,百幅作品全部售完,自此以卖画为生,那时的张大千在上海艺术界一鸣惊人。但是那个年月兵荒马乱,未婚妻的退婚使得大千的心情感到无比的郁闷,他似乎看破了世俗,再加上对佛学的钟爱,顿有出世之心,于是决定在当时的松江县禅定寺出家为僧,法号大千,张大千之名由此而来。和百日师爷一样,过了 100 多天,他便还了俗。

　　在上海期间他作画习书,以画水仙花见长,时人谓之"张水仙",同时他开始了以石涛艺术为中心,旁及八大山人、渐江、石溪、唐寅、徐渭、陈淳等人的研习。对于石涛他尤为推崇,他用了大量精力去学习石涛的绘画艺术,把石涛的艺术比喻成万里长城。他还从李瑞清之弟李筠庵学会仿制古画的方法,并做了许多石涛的赝品,曾多次骗过程霖生。石涛画境变化无尽,新颖怪奇而又法度严谨,大千正是通过石涛而涵泳了唐宋元明百家之长。在20世纪20年代的上海他获得了"石涛专家"的美誉。

30年代,他艺术更是趋于成熟,工笔写意,俱臻妙境,于齐白石齐名,素有"南张北齐"之称。1936年他被聘为南京中央大学美术系教授,在南京北京等地举办个人画展。并在此时创作了传世名作《中郎授女图》(现藏于首都博物馆)。然而抗日战争爆发了,很快日寇就占领了北平,烧杀,抢夺无恶不作,在面对民族存亡的关键时刻,大千表现出了作为一个中国知识分子的民族气节:他拒绝了担任日华艺术画院院长及日伪北平艺术专科学校校长的职位,并拒绝了借出所藏明清书画。由于在言论上表示了对日寇侵略罪行的不满,被日本宪兵队关押了一个多月。随后他又回到了四川,这时的风格略脱八大山人、石涛的粗犷写意而趋于唐寅、沈周的细润华滋。

张大千因受曾、李二师影响,曾广泛学习唐宋元明清中国传统绘画,尤得石涛等大师神髓,被国内外艺坛称为"当代石涛"。其画路宽广,山水、人物、花鸟、虫鱼、走兽等,无所不工。其工笔写意,俱臻妙境。特善写荷花,独树一帜。20年代,他与其兄张善子,被称为中国画坛的"蜀中二雄"。30年代,他与北方大画家溥儒(心畲)齐名,被称为中国画苑的"南张北溥",被国立中央大学聘为艺术教授。徐悲鸿曾盛赞张大千为"五百年来第一人"。

20世纪40年代,张大千自费赴敦煌,耗时三年大量临摹了石窟壁画,并将之宣传介绍,使敦煌艺术宝库从此为国人和世界广为瞩目。从此,张大千的画风也为之一变,善用复笔重色,高雅华丽,潇洒磅礴,被誉为"画中李白""今日中国之画仙"。

1942年,春末,他决定举家赴敦煌临摹壁画。在敦煌的生活是艰苦的,恶劣的气候条件,再加上住在与世隔绝的石洞子里对于一般人是无法忍受的,但对于一个艺术家却可能是有益的。大千在此时画风为之一变,他善用复笔重色,笔力也变得丰厚浓重。可以说在敦煌时期对他风格形成起到了至关重要的作用。他不仅考察莫高窟的壁画佛像,还对莫高窟进行了编号,成为了为莫高窟编号的第一人,为保存文化遗产做了积极的贡献。他还到达青海西宁,邀请藏族画师共同赴敦煌协助临摹工作。为尊重他人劳动成果和对摹品的负责,每幅画上都注明了画家的名字,凡与他合作也注明了作者的名字,所以在他许多临摹的敦煌壁画中都标有"番僧某某同画"。两年后他结束了在莫高窟的临摹工作,同时开始了对安西榆林窟的临摹工作。

在离开莫高窟后,他花了大量时间对十六国、北魏、北周、隋、唐、五代、宋、西夏、元各朝的壁画代表作及雕塑进行了临摹,共有摹品共记300多幅。

这一年8月,《张大千临摹敦煌壁画展》在兰州举行,随后在成都等城市展出深受好评,第二年3月,他被推选为中华全国美术协会理事。4月,四川美术协会出版了《张大千临摹敦煌壁画展览特集》《敦煌临摹白描画》,算是对这一时期成果的肯定。

1945年在成都北郊昭觉寺完成巨幅作品《四屏大荷花》《八屏西园雅集》。这年8月抗战胜利日寇投降,张大千欣喜若狂,他取消了赴新疆考察石窟的计划,与11月从四川乘飞机去北京。

1949年,张大千赴印度展出书画,此后便旅居阿根廷、巴西、美国等地,并在世界各地频频举办个人画展。他被西方艺坛赞为"东方之笔",与西画泰斗毕加索齐名,被称为了"东张西毕"。他荣获了国际艺术学会的金牌奖,被推选为"全世界当代第一大画家",并被世界舆论称之为"当今世界最负盛誉的中国画大师",为中华民族赢得了巨大荣誉。

张大千是位旅行家,旅行不仅可以陶冶情趣,更重要的是他通过美学观念的层次上体会山水、花鸟,禽兽,形成了良好的审美意识与丰富的创作题材。他从青年时代到老年时期足迹遍布了祖国各地,游资阳,登峨嵋,临敦煌,之康定,到了晚年更是游历列国,穿梭在世界文化的大舞台上。

在他 51 岁的时候他来到了台湾,从此开始了漂泊不定的游子生活。在国外期间他的一首诗句写道:"行遍欧西南北美,看山须看故山青。"从这首诗中可以读出淡淡的乡愁,一个漂泊在外的游子对故乡的深深的眷恋之情。

1951 年他终于来到了印度,在印度期间他临摹研习了印度的石窟壁画,还在喜马拉雅山南麓的风景胜地大吉岭居住了一段时间。其后他辗转于香港、台北、日本等地开画展。在东南亚颇有声誉。但是对志在行万里路的大千来说,这是远远不够的。1953 年 54 岁的画家来到了远在大洋彼岸的南美,为了不使名画落到外国人的手中,他低价把所藏的《顾闳中韩熙载夜宴图》等文物卖给了大陆,由国家文物局收购,使国宝回到了祖国。一方面在风光明媚的巴西他在新购土地上大兴土木,布置园林,取名为摩洁山园,后来回到了台湾又为新宅取名"摩耶精舍",画画,写字,读佛经,过着空闲淡雅的生活;另一方面他又积极在美国、香港、日本、韩国、欧洲等地办画展,美国加利福尼亚州太平洋大学特颁赠 76 岁的张大千人文博士学位,从而奠定了他世界文化名人的地位。可能是历史的巧合,在法国他会见了毕加索,我们不知道这两位东西方文化名人相遇的情景,但是两位艺术大师能够在同一时间空间会面,这不能不说是世界文化的幸事。

张大千晚年,仍孜孜不倦从事中国画的开拓与创新,在全面继承和发扬传统的基础上,开创了泼墨、泼彩、泼写兼施等新貌,给中国画注入了新的活力,影响广泛而深远。张大千长期旅居海外,爱国怀乡之心浓烈。1976 年,返回台北定居,完成巨作《庐山图》后,不幸于 1983 年 4 月 2 日病逝,享年 85 岁。

# 梅兰芳

**档案**　　梅兰芳(1894—1961年)，京剧大师。名澜，字畹华。江苏泰州人，长期寓居北京。对京剧旦角的唱腔、念白、舞蹈、音乐、服装等各方面都有所创造发展，形成了自己的艺术风格，世称"梅派"。

**名言**　我是个笨拙的学艺者，没有充分的天才，全凭苦学。

梅兰芳出生于京剧世家，8岁就开始学戏，10岁登台在北京广和楼演出《天仙配》，工花旦。

1908年秋天，喜连成班主叶春善带领他的科班在吉林演出。一天早晨，叶春善偕筹资组建喜连成的开明绅士牛子厚到吉林北山散步。他俩边爬山，边闲谈，忽然发现有一人在小树林里练剑，但见他体态轻盈，动作敏捷，那剑被他舞得寒光闪闪，风声嗖嗖，把自己围在水泼不进的弧光圈里，牛子厚简直看呆了。他生平酷爱京剧，也观赏过不少武术高手的表演，但像今天见到这样的绝伦剑技，还是不多，他情不自禁地连连拍手叫好。牛子厚这时近前定睛细看，只见面前这个年轻人仪表堂堂，气度潇洒，举止端庄，真是一个挑大梁的料子，便问道："你可曾有艺名？"叶春善接答道："我给他起了个艺名叫'喜群'。"牛子厚沉吟良久说："这孩子相貌举止不俗，久后必成大器，给他更名'梅兰芳'如何？"叶春善师徒二人欣然同意。从此，就用了"梅兰芳"这一享誉国内外的艺名。

1911年北京各界举行京剧演员评选活动，张贴菊榜，梅兰芳名列第三名探花。1913 年他首次到上海演出,在四马路大新路口丹桂第一台演出了《彩楼配》《玉堂春》《穆柯寨》等戏,初来上海就风靡了整个江南,当时里巷间有句俗话:"讨老婆要像梅兰芳,生儿子要像周信芳"。他吸收了上海文明戏、新式舞台、灯光、化妆、服装设计等改良成分,返京后创演时装新戏《孽海波澜》,第二年再次来沪,演了《五花洞》《真假潘金莲》《贵妃醉酒》等拿手好戏,一连唱了 34 天。

回京后,梅兰芳继续排演新戏《嫦娥奔月》《春香闹学》《黛玉葬花》等。1916 年第三次来沪,连唱 45 天,1918 年后,移居上海,这是他戏剧艺术炉火纯青的顶峰时代,多次在天蟾舞台演出。综合了青衣、花旦、刀马旦的表演方式,创造了醇厚流行的唱腔,形成独具一格的梅派。1915 年,梅兰芳大量排演新剧目,在京剧唱腔、念白、舞蹈、音乐、服装上均进行了独树一帜的艺术创新,被称为梅派大师。

1919 年 4 月,梅兰芳应日本东京帝国剧场之邀赴日本演出,演出了《天女散花》《玉簪记》等戏。一个月后回国。1921 年编演新戏《霸王别姬》。1922 年主持承华社。1927 年北京《顺天时报》举办中国首届旦角名伶评选,梅兰芳因功底深厚、嗓音圆润、扮相秀美,与程砚秋、尚小云等被举为京剧四大名旦。

1930 年春,梅兰芳率团赴美,在纽约、芝加哥、旧金山、洛杉矶等市献演京剧,获得巨大的成功,报纸评论称,中国戏不是写实的真,而是艺术的真,是一种有规矩的表演法,比生活的真更深切。在此期间,他被美国波莫纳大学和南加利福尼亚大学授予文学博士学位。

1931 年"九·一八"事变后,梅兰芳迁居上海,先暂住沧州饭店,后迁马斯南路 121 号。他排演《抗金兵》《生死恨》等剧,宣扬爱国主义。1935 年他曾率团赴苏联及欧洲演出并考察国外戏剧。在京剧艺术家中,出访最多和在国内接待外国艺术家最多的当属梅兰芳,他把中国京剧表演艺术和艺术家谦逊、朴实的优良品质介绍给了各国人民,因此人们称他为 20 世纪 20 年代至 50 年代中国京剧艺术的文化使节。

1937 年 8 月 13 日,日军进攻上海,淞沪战事爆发。日寇占领上海不久,得知蜚声世界的京剧第一名旦梅兰芳住在上海,就派人请梅兰芳到电台讲话,让其表示愿为日本人服务。梅兰芳洞察到日本人的阴谋伎俩之后,一边给日本人带回信说,最近要外出演戏,一边携家率团星夜乘船赴港。

梅兰芳来到香港后,深居简出,不愿露面。为了消磨时光,他除练习太极拳、打羽毛球、学英语、看报纸、看新闻外,把主要精力用来画画。家人和剧团人员看到他的作品后十分高兴,都说给他们带来了许多美感和欢乐。

1941 年 12 月下旬,日军侵占香港,梅兰芳苦不堪言,担心日本人会来找他演戏,怎么办? 他与妻子商量后,决心采取一项大胆举措:留蓄胡子,罢歌罢舞,不为日本人和汉奸卖国贼演出。

1942 年 1 月,香港的日本驻军司令酒井看到梅兰芳留蓄胡子,惊诧地说:"梅先生,你怎么留起胡子来了? 像你这样的大艺术家,怎能退出艺术舞台?"梅兰芳回答说:"我是个唱旦角的,如今年岁大了,扮相也不好看,嗓子也不行了,已经不能再演戏了,这几年我都是在家赋闲习画,颐养天年啊!"酒井十分不悦。过了几天,酒井又派人找到梅兰芳,一定要他登台演出,正巧此时梅兰芳患了严重牙病,半边脸都肿了,酒井获悉后无可奈何,只好作罢。

抗战胜利后,梅兰芳在上海复出,常演昆曲,1948 年拍摄了彩色片《生死恨》,是中国拍摄成的第一部彩色戏曲片。上海解放后,于 1949 年 6 月应邀至北平参加第一次全国文学艺术工作者代表大会,当选为政协全国委员会常委。1950 年回北京定居,任文化部京剧研究院院长,1951 年任中国戏曲研究院院长,1952 年任中国京剧院院长,并先后当选为全国人大代表。

1955 年,他拍摄了《梅兰芳的舞台艺术》,收入他各个时期的代表作《宇宙锋》《断桥》等及他生活片断和在工厂、舞台演出的《春香闹学》等戏的片断。1956年他率中国京剧代表团到日本演出。1959年5月他在北京演出《穆桂英挂帅》，作为国庆十周年献礼节目。

1961年8月8日在北京去世。著有《梅兰芳文集》《梅兰芳演出剧本选》《舞台生活四十年》等。代表剧目有《贵妃醉酒》《天女散花》《宇宙锋》《打渔杀家》等，先后培养、教授学生100多人。

## 冼星海

**档案** 冼星海（1905—1945年），曾用名黄训、孔宇，祖籍广东番禺，出生于澳门，中国近代作曲家、钢琴家，于1939年所作的《黄河大合唱》是最广为人知的作品。

**名言** 中华民族的解放胜利，就是要每一个国民贡献他纯洁的爱国之心。

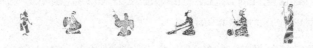

**冼**星海出生在澳门一家贫苦渔民的破船上。他是一个遗腹子，他的父亲冼喜泰在他出生前已去世。"星海由母亲黄苏英抚养，寄居在他的外祖父家。星海的外祖父以海员为职业，收入微薄，仅仅能维持一家三口人的基本生活。但是，这样的生活没过多久，在星海7岁时，外祖父也去世了。养家糊口的重担落到母亲一个人的身上，生活愈发贫困了。后来，星海由母亲带领离开了澳门前往新加坡，靠着母亲给人家当佣工维持生计。

星海从小就尝到了生活的辛酸,养成了和苦难命运搏斗的顽强性格。在星海小的时候,母亲经常给星海哼唱广东民歌,其中一首:"顶硬上,鬼叫你穷,铁打心肝钢打肺,立下心肠去挨世。"这在星海幼小的心灵里留下了深刻的印象。

星海的母亲是一位勤劳、善良的女性。她起早贪黑辛勤劳动,省下钱供星海念书。星海也是一个很懂事的孩子,从 13 岁起,他就一面念书,一面做苦工。就这样,他在岭南大学设在新加坡的分校——养正学校读了两年高小。在这期间,开始学习单簧管、短笛和钢琴等乐器。

1818 年,冼星海随母亲由新加坡迁居广州,进入岭南大学附中学习。为了减轻母亲的负担,他以半工半读的方式来维持自己的学习。他先后做过打字员、暑假华侨学校的学员、工人夜校教员。由于他经常参加学校组织的各种晚会,演出单簧管独奏,后来,他被聘为校乐队的指挥,并被同学们亲切地称为"南国箫手"。

1926 年,为了更好地学习音乐,冼星海毅然辞别母亲,只身来到北平,希望能在当时的北京大学音乐传习所学习音乐。

初到北平,他先是在萧友梅领导的北京国立艺术专科学校音乐系进修小提琴,后又在萧友梅的帮助下,到北京大学音乐传习所学习小提琴和作曲,并被安排在图书馆任图书管理员,以解决他生活上的困难。

1927 年的冬天,上海成立了国立音乐学院,由萧友梅出任该院的教务主任及代理院长。冼星海马上由北京来到上海报考上海国立音乐学院。由于冼星海在北大音乐传习所学习过音乐的缘故,被获准免试进入新建的国立音乐学院,主修小提琴,兼学钢琴及音乐理论。

1929 年夏,他因支持并参加反对学校当局不合理收费制度的学潮,被学校无理地赶出校门,被迫停学后在朋友的帮助下,冼星海在轮船上找到一个做苦工的差事。1929 年夏季,冼星海乘着广州开出的一艘轮船,途经新加坡等地,奔赴巴黎。

1903 年 1 月,冼星海到达法国巴黎。经过马思聪的介绍,他认识了著名小提琴家保罗·奥别多菲尔,并随他学习小提琴。同时,冼星海又找到巴黎音乐学院的著名教授路爱日·加隆先生,学习和声、对位等。这两位教授听说星海是一个穷苦的工人时,都决定不收他的学费。

在学习期间,冼星海曾经做过各种各样的苦工,像餐馆里的跑堂、理发店的杂役、看守电话的仆人等。繁重琐碎的工作使星海只能用很少一点时间来学习提琴,练习作曲。有时,他一早 5 点起来一直工作到晚上 12 点钟。有一次,因为白天上课很累,在餐馆工作中最后一次端菜上楼时,因为眩晕摔倒了。老板骂了他一顿后,第二天就把他开除了。

从此以后,冼星海常常处于失业与饥饿的状态中,有几次又冷又饿,实在坚持不住,在街头就软瘫下来。他只好忍着羞辱到咖啡馆、大餐馆去拉琴乞讨。有一次,冼星海在拉完曲子后,用碟子讨钱时,一个有钱的中国留学生把他的碟子摔在地上,并打了他一巴掌,还说他丢了中国人的脸……

星海经受着生活的磨难,然而对于学习音乐却始终没有放弃。在困苦的时候,对祖国的怀念迫使他更加努力地学习。

1932 年初冬,冼星海在一间破房子里,寒风呼啸着从破碎的门窗冲进来。没有被子、没有炉火、小油灯被风吹灭了……面对此情此景,一时间,个人和祖国的苦辣辛酸,种种遭遇一齐涌上心头。这不能自制的感情洪流,使他借风述怀,写下了一首女高音独唱歌曲《风》,抒发了他对祖国、对人民的热爱与思念。《风》受到了巴黎音乐学院教授、著名法国印象派作曲家保尔·杜卡、拉威尔和当时在该院任教的著名俄罗斯作曲家普罗科菲耶夫的赞赏,并被巴黎电台广播列为巴黎音乐学院新作品演奏会的节目。

由此冼星海结识了世界印象派三大音乐家之一，巴黎音乐学院大作曲家杜卡先生，并得到杜卡的首肯，让他报考巴黎音乐学院的高级作曲班。冼星海顺利地通过考试，并获得了一个荣誉奖。从此解决了他的生计问题，并在杜卡先生的指导帮助下，开始系统地学习作曲。

在师长和学校的帮助下，冼星海经过艰苦努力和发奋学习，终于在1935年春，从巴黎音乐学院高级作曲班毕业了。他毅然决定，回祖国，用自己的所学报效祖国和人民。

1935年秋，冼星海途经香港回到了上海。当时正值日本帝国主义入侵，中华民族处在危亡的关头。百代唱片公司聘请他担任音乐创作和电影配乐工作。这期间，他创作了《救国进行曲》，为影片《夜半歌声》配乐，并写了插曲《夜半歌声》《热血》《黄河之恋》等。

1938年，"八·一三"事变爆发后，冼星海参加了由共产党领导的上海演剧第二大队，离开了母亲，转战到了武汉。他积极热情地投入到这里的群众歌咏活动中这个时期，他创作了《保卫武汉》《游击军》《到敌人后方去》《太行山上》等等一大批新的抗战歌曲。后应"鲁迅艺术学院院"的邀请他于1938年冬天到了延安。

到延安后，冼星海担任了"鲁艺"音乐系的教授，主要担任理论作曲的教学工作，另外还教授音乐史及指挥。在教学期间，他创作了一些大型作品：《民族交响曲》《军民进行曲》《黄河大合唱》等等。他深深受到了广大师生的尊敬和爱戴，于1939年5月加入中国共产党。

1940年5月，党中央委派冼星海到苏联为"延安电影团"摄制的第一部大型纪录片《延安与八路军》创作音乐并进行后期制作。到了苏联，没有多久，《苏联保卫战交响曲》即《民族交响曲》，又创作了《第二交响曲》（又称《申圣之战》）。1944年1月，他在生活十分艰苦的情况下创作了歌颂苏联民族英雄的《阿曼盖尔达》的交响诗。之后，他患了肺炎，病倒了。因当时的条件太差，他的病情加重，于1945年10月30日，病逝在克里姆林宫医院，那时他只有40岁。

# 聂耳

档案 聂耳（1912—1935 年）原名聂守信，字子义（亦作紫艺），汉族，云南玉溪人。中国现代音乐家。中华人民共和国国歌《义勇军进行曲》的作曲者。

名言 理智·思想脑筋若无正确的思想的培养，任它怎样发达，这发达总是畸形的发达，那么一切的行为都没有稳定的正确的立足点。

聂耳出生在云南昆明的一个医药世家。在聂耳 4 岁的时候，父亲因辛苦劳累过度患肺病治疗无效而身亡。全家生活的重担和教育子女的责任一下都落在母亲一人的肩上，母亲继续经营"成春堂"药铺，靠每天给人看病卖药维持生活。

聂耳最初的启蒙老师是他的母亲，在母亲的培养教育下，他 5 岁就已认识数百个汉字，6 岁时考入了当地县立师范附属小学。在整个初小的 4 年学习期间，聂耳年年各门成绩都是优秀。

聂耳从小就表现出良好的音乐天赋，先后学会了吹笛子，演奏二胡、三弦、风琴等乐器。

1925 年聂耳小学毕业，同年考入了云南省立第一联合中学。在学校学习期间，聂耳广泛阅读了《东方杂志》《创造月刊》等进步书刊，受到了马克思主义等革命思想的影响，并热情投入到为反抗帝国主义的暴行、支援"五卅"受难工人的宣传、募捐演出活动。这无疑为他形成进步的世界观打下了基础。

中学生活,使聂耳在音乐、文艺方面的爱好和兴趣有了进一步增长。而且他开始对在昆明等地民间广泛流传的"洞经调"产生了浓厚的兴趣。在街头艺人弹"洞经调"的时候,他常常站在一旁倾听,这对聂耳日后的音乐创作产生了很大的影响。例如名曲《翠湖春晓》就是吸收了洞经音乐的养分创作而成的。

　　这期间,他对外语也产生了浓厚的兴趣,尽管学校的功课已经够多了,但他总是晚上挤出一些时间到英语学会,或是基督教青年会去听英语课。在英语学会,聂耳认识了一位外籍教授柏希文。柏希文是一位博学家,不但会英、法、德、拉丁语,而且还是有名的钢琴家和音乐理论家。通过和柏希文的接触,聂耳对钢琴、小提琴等西洋乐器有了了解。同时,在乐理方面进步不小,为聂耳日后的音乐创作打下了良好的基础。

　　初中毕业后,15 岁的聂耳考入公费的云南省立第一师范学校高中部"外国语组"学习英语。聂耳很聪明,再加上初中时曾补习过英语,因而学起来不吃力,有时还经常进行对话表演。

　　聂耳在省立师范读书期间,不但学习刻苦努力,而且思想要求进步。在大革命处于低潮,蒋介石叛变革命,全国一片白色恐怖的情况下,聂耳秘密地加入了中国共产主义青年团,从事刻印、张贴传单等革命活动。他背着家里人和几位同学报名参加了"学生军",认为这是参加实际革命斗争的好机会,并被送到湖南郴州驻地编入"新兵队"受训。在那里,他亲历了旧军队内部的黑暗与腐朽:经常无端遭到军官的凌辱与惩罚;经常吃不饱饭。后来在同乡的资助下,他几经周折又回到了昆明,继续在省立一师学习。后又因形势所迫聂耳离开了学校,乘海轮从香港到了上海。

　　到了上海后,聂耳除了努力工作维持生活外,抓紧一切时间学习英文、日文,并按照专业标准自学小提琴。4 个月后,他经人介绍参加了共产党领导下的进步群众组织"反帝大同盟"。他一面努力工作挣钱、学习;一面积极投身到革命的洪流之中。

这时,他对上海越来越熟悉和适应,结识了一些从事电影工作的人,挣的钱渐渐地多了,有条件多买一些书看,还买了一把小提琴,努力钻研音乐艺术。但是好景不长,很快他又失去了工作,生活又一次陷入了困境。

有一天,聂耳在《申报》上看到了"联华影业公司音乐歌舞学校"招考演员及练习生的启事,聂耳当即去报了名,并被录取。这样不但解决了生活问题,更重要的是使他迈进了自己喜欢的音乐事业。这时聂耳19岁。

聂耳在音乐艺术方面虽然有很好的天赋,但毕竟没有进入专业学校受过正规的教育和训练,因此在音乐理论和技巧方面水平是不够的。为此他抓紧一切时间刻苦练习小提琴。先是向首席小提琴师王人艺请教,后来又跟随奥地利人普利什卡学习。此外,他又对和声学、作曲法等进行自学,并且开始有了对音乐创作的尝试,先后写了小提琴曲《悲歌》、口琴曲《进行曲》与《圆舞曲》等。他还参加了明月社,和其他年轻演员一样参加练习、演出、看电影。

"九一八事变"爆发、日本帝国主义大举入侵东北三省,给了聂耳很大的震动。于是他在电影刊物《电影艺术》上发表了《中国歌舞短论》,笔锋直接针对黎锦晖的"为歌舞而歌舞"的错误倾向。文章内容深刻,笔锋犀利,成为他和明月社的决裂书。这样他离开了明月社,进了"联华影业公司",从此聂耳进入了电影圈。工作之余,聂耳又参加了上海"剧联"成立的音乐小组,组织革命音乐工作者参加当时的进步电影和戏剧运动,并研究群众歌曲的创作。

1933年初,聂耳在白色恐怖严重的时刻,经田汉介绍,由左联负责人夏衍带领宣誓,光荣地加入了中国共产党。从此在党的直接教育引导下,聂耳以饱满的革命激情,更积极地投入到无产阶级和人民大众的革命音乐创作中,经过艰苦奋斗,作出了卓越的贡献,成为中国无产阶级音乐的先驱者,人民的音乐家。